POLYGLOTT-REISEFÜHRER

Syrien Jordanien Irak

Mit 24 Illustrationen
sowie 16 Karten und Plänen

ALLGEMEINES

STADTBESCHREIBUNGEN

REISEROUTEN

POLYGLOTT-VERLAG

MÜNCHEN

Umwelthinweis: Gedruckt auf
chlorfrei gebleichtem Papier

Herausgegeben von der Polyglott-Redaktion
Verfasser: Dr. Hans Lajta
Illustrationen: Margit Rein, Eva Amode
Karten und Pläne: Franz Huber und Gert Oberländer
Umschlaggestaltung: Christa Manner, München

Wir danken den syrischen und jordanischen Fremdenverkehrsämtern für die uns bereitwillig gewährte Unterstützung.

Ergänzende Anregungen, für die wir jederzeit dankbar sind, bitten wir zu richten an Polyglott-Verlag, Redaktion, Postfach 40 11 20, 80711 München.

*

Zeichenerklärung:

Informationen
Flugverbindungen — Eisenbahnverbindungen
Autobusverbindungen — Schiffsverbindungen
L Luxushotels — Erstklassige Hotels
Gute Hotels — Einfache Hotels
Jugendherbergen — Campingplätze

Die in eckigen Klammern stehenden Ziffern decken sich mit den auf den Plänen eingezeichneten Ziffern.

Kilometerangaben hinter Ortsnamen zeigen die Entfernung vom Beginn der jeweiligen Route aus an.

Farbige Ziffern am Seitenrand weisen auf die Routennummern hin.

*

Komplett aktualisierte Auflage · 1993/94
Redaktionsschluß: Juli 1993

Printed in Germany / Druckhaus Langenscheidt, Berlin / W. X. Ec./XIV.
ISBN 3-493-60730-X

Die Omaijadenmoschee in Damaskus

Land und Leute

Das Interesse an den arabischen Ländern des Nahen und Mittleren Ostens war in Europa immer schon sehr groß. Die unstabilen politischen Verhältnisse der letzten Jahre haben dieses touristische Interesse nicht trüben können. Derzeit sind nur Syrien und Jordanien für den normalen Touristen zugänglich. Die Straßenverhältnisse sind in den letzten Jahren besser geworden, so daß die bisher von den Autofahrern gefürchteten Anreisewege ihren Schrecken verloren haben.

Das Leben und Treiben des Orients hat nur wenig von seinem eigenartigen Zauber verloren. Zwar entstanden in Aleppo, Damaskus, Amman, Bagdad, Basra und anderen Städten moderne Stadtviertel mit großen Handels- und Geschäftszentren, Hochhäusern und Wolkenkratzern, mit einem dichten motorisierten Verkehr auf den Straßen, doch findet man in diesen Städten auch noch die charakteristischen Basarviertel mit überdachten Ladenstraßen, die traditionellen Handwerksläden, orientalische Trachten und altertümliche Moscheen. Nur mehr selten wird man einen Muezzin sehen, der vom Umgang des Minaretts aus die Gläubigen zum Gebet ruft; das besorgen heute moderne Lautsprecher. Auch auf die „zeitlosen" Esel- und Kamelkarawanen trifft man heute kaum mehr. Den Transport von Lasten besorgen heute Großraumflugzeuge und schwere Lastkraftwagen.

Zu den berühmten alten Grabungs- und Ruinenfeldern führen heute zum großen Teil schon ausgezeichnete Fahrstraßen; Taxis und moderne Touristenautobusse bringen den fremden Gast zum Ziel.

Die herzliche Gastfreundschaft, die für alle arabischen Länder so kennzeichnend ist, kann man immer wieder erleben. Anfängliche Zurückhaltung sollte nicht als Mißtrauen aufgefaßt werden, sie ist ein Zeichen von Ehrerbietung und Achtung dem Fremden gegenüber.

Lage und Größe

Die drei arabischen Länder Syrien, Jordanien und Irak bedecken den nördlichen Teil und etwa ein Viertel der Arabischen

Halbinsel. *Syrien* grenzt im Norden an die Türkei, im Osten an den Irak, im Süden an Jordanien und im Westen an den Libanon und Israel. *Jordanien* grenzt im Norden an Syrien, im Osten an den Irak und an Saudi-Arabien, im Süden an Saudi-Arabien, im Westen an Israel.

Der *Irak* grenzt im Norden an die Türkei, im Osten an den Iran, im Süden an Kuwait und Saudi-Arabien, im Westen an Syrien und Jordanien.

Alle drei Länder besitzen nur einen schmalen Küstenstreifen: *Syrien* am Mittelmeer, *Jordanien* am Roten Meer, der *Irak* am Arabischen Golf.

Das Palästinaproblem läßt eine genaue Grenzziehung und Größenangabe der Länder Syrien und Jordanien zur Zeit nicht zu. Vor dem Ausbruch des letzten Nahostkrieges hatte Syrien 185180 km^2, Jordanien (mit dem „Westjordanland") 97740 km^2 und der Irak 438446 km^2.

Klima

Der weitaus größte Teil der drei Länder hat Wüstenklima: starke Sommerhitze und oft empfindliche Winterkälte. In den niederschlagsfreien Sommermonaten beträgt die durchschnittliche Temperatur über 34°C.

Der nordwestliche Teil Syriens besitzt einen schmalen Streifen mediterranen Klimas, mit milden Wintern (im Januar um 16°C.) und heißen, sehr schwülen Sommern (im August um 34°C.).

Die an die Gebirgsregionen der Türkei grenzenden Teile Syriens und des Irak haben alpines Klima mit trockenen Sommern und kalten Wintermonaten, in denen auch reichlich Schnee fällt.

Durchschnittstemperaturen in Grad Celsius und durchschnittliche Regentage (in Klammern):

	Amman	Bagdad	Damaskus
Januar	6(12)	9(5)	8(4)
Februar	8(12)	12(5)	9(5)
März	12(8)	15(4)	11(3)
April	16(4)	22(3)	16(6)
Mai	20(2)	28(1)	21(0)
Juni	24(0)	33(0)	25(0)
Juli	25(0)	36(0)	26(0)
August	26(0)	36(0)	30(0)
September	24(0)	32(0)	26(0)
Oktober	21(2)	25(1)	21(5)
November	14(6)	16(4)	13(5)
Dezember	9(10)	12(5)	8(5)

Bevölkerung

Syrien hat um 12 Millionen Einwohner, Jordanien um 3,5 Millionen, der Irak um 16,3 Millionen. Die Bevölkerung ist zum überwiegenden Teil arabischen Ursprungs. Minderheiten sind in Syrien Türken, Kurden, Armenier und Tscherkessen, im Irak Kurden und Türken. In Jordanien leben Palästinenser aus Israel und aus den von Israel besetzten Gebieten.

Die meistbevölkerten Städte sind Bagdad (4 Millionen), Damaskus (4 Millionen), Aleppo (1,2 Millionen), Amman (1,2 Millionen), Mossul (etwa 800000) und Basra (etwa 620000).

Religionen

Staatsreligion ist der Islam (seine Anhänger nennt man Muslime, die Bezeichnung „Mohammedaner" ist nicht gebräuchlich). Man unterscheidet die beiden Glaubensrichtungen der Sunniten und der Schiiten. Letztere leben zwar hauptsächlich im Iran, man findet sie aber auch in Syrien und vor allem im Irak (etwa 60% der Bevölkerung). Etwa ein Zehntel der syrischen Bevölkerung sind Alawiten, eine den Schiiten nahestehende Sekte; ihre Angehörigen bekleiden meist wichtige Stellungen in Militär und Verwaltung.

In Syrien und Jordanien gibt es eine christliche Minderheit von etwa einem Zehntel der Bevölkerung. Sie gehören hauptsächlich der Griechisch-orthodoxen, der Katholischen und der Armenisch-orthodoxen Kirche an. Im Irak gibt es ebenfalls eine christliche Minderheit. In den von Israel besetzten jordanischen Gebieten leben viele christliche Araber.

Sprachen

Staatssprache ist Arabisch. In den Touristengebieten Syriens, Jordaniens und des Irak wird fast überall Englisch verstanden und zum Teil auch gesprochen. Vor allem um den Wert der Münzen und den Preis

٠	0	٥	5	١٠	10
١	1	٦	6	١١	11
٢	2	٧	7	١٢	12
٣	3	٨	8	٢٠	20
٤	4	٩	9	٣٠	30

der in Läden und auf Märkten angebotenen Waren lesen zu können, sollte man sich die in arabischen Ländern gebräuchlichen Zahlenzeichen einprägen.

Aussprache des Arabischen

dh wie englisches th in the
gh fast wie deutsches Zäpfchen-r
h wird immer gesprochen, ist also nie Dehnungszeichen
j wie in *J*ournalist
kh wie ch in ach
q ist ein tief in der Kehle mit dem Zäpfchen gesprochenes k
r ist ein Zungenspitzen-r
s wie ß in naß
th wie englisch th in thing
w wie englisches w in water

z wie *s* in Rose
ḥ ist ein heiseres, mit Zusammendrücken des Kehlkopfes gesprochenes h

ṣ, *ḍ*, *ṭ* und *ẓ*, die „emphatischen Laute" unterscheiden sich von s, d, t und z dadurch, daß sie mit dem Zungenrücken an den oberen Zähnen unter Berührung des vorderen Gaumens kräftig artikuliert werden.

Landwirtschaft und Viehzucht

Infolge der großen Wasserarmut sind bedeutende Teile Syriens, Jordaniens und des Irak Wüstenland, durchzogen nur von den seit unvordenklichen Zeiten beackerten Euphrat- und Tigrisauen. Eine Vielzahl von Staudamm- und Bewässerungsprojekten wird in allen drei Ländern energisch vorangetrieben.

In Syrien und im Irak entstanden große Kollektivfarmen und landwirtschaftliche Genossenschaften. In diesen Ländern werden Futterpflanzen, Weizen, Gerste, Reis, Mais, Zuckerrohr, Flachs, Baumwolle, Sonnenblumen, Melonen, Olivenbäume, Gemüse, Tabak angebaut. In den am Mittelmeer gelegenen Teilen Syriens gedeiht vorzügliches Obst. Im Irak stehen die Einkünfte aus dem Verkauf von Datteln an zweiter Stelle nach dem Erdöl.

In den wenigen fruchtbaren Landstrichen Jordaniens werden etwas Weizen, Früchte und Gemüse angebaut.

Die Viehzucht beschränkt sich in Syrien und in Jordanien hauptsächlich auf Schafe, Ziegen und Esel, in Syrien und im Irak gibt es außerdem Rinder. Lammfelle und Lederhäute werden exportiert. Dromedare werden in den Wüstengebieten zur Fleischproduktion vor allem für den Export auf die arabische Halbinsel gehalten.

Industrie

Der Irak fördert bedeutende Mengen an Erdöl, das in alle Erdteile exportiert wird. Syrien bezieht die Hälfte seiner Deviseneinnahmen aus Erdölförderung. In Jordanien ist die Gewinnung von Phosphaten und von Pottasche von einigem wirtschaftlichem Gewicht. Im Irak wird seit 1972 auch Schwefel abgebaut. Begründet auf den Anbau von Baumwolle und die Schafzucht, entstanden in Syrien und im Irak auch große Spinnereien, Webereien und Textilfabriken. Von Bedeutung sind ferner die Teppich-Erzeugung, die Tabakwaren- und Obstkonserven-Industrie, die Leder- und die Jute-Industrie.

Politische Gliederung

In der *Arabischen Republik Syrien* (Al Dschumhurija Al Arabija as Surija) ist seit 1970 die Baath-Partei neben anderen Parteien staatstragend.

Syrien ist verwaltungsmäßig in 14 Provinzen eingeteilt, die nach ihren Hauptstädten benannt sind: Damaskus-Stadt, Damaskus, Aleppo, Hama, Homs, Lattakia, Idlib, Raqqa, Hassetché, Deir ez-Zor, Suweida, Deraa, Tartus und Quneitra. Syrien beansprucht auch die 1939 von den Mandatsmächten an die Türkei abgetretene ehemalige Provinz Antiochien.

Das *Haschemitische Königreich Jordanien* entstand 1949 nach dem Anschluß des arabischen Zentral-Palästina an das ehemalige Königreich Transjordanien. Dieser palästinensische Teil (Westjordanland) ist noch von Israel besetzt. Jordanien ist eine konstitutionelle Monarchie, erblich in der Dynastie der Haschemiten. Das Parlament besteht aus zwei Kammern: die Mitglieder der ersten Kammer werden vom König benannt, die der zweiten auf vier Jahre vom Volk gewählt.

An der Spitze der *Republik Irak* (Al-Dschumhurija al-Iraqia), die sich auch „Volksdemokratie" nennt, steht ein Staatspräsident, der gleichzeitig Vorsitzender des Nationalen Revolutionsrates ist und der Baath-Partei angehört.

Der Irak wird in 18 sich zum Teil selbständig verwaltende Provinzen unterteilt: Bagdad (auch Landeshauptstadt), Basra, Maysan, Thir-Quar, Muthanna, Qadissiya, Kerbela, Babylon, Waset, Diala, Kirkuk, Sulaimaniya, Arbil, Dhok, Ninive, Anbar.

Geschichtlicher Überblick

DIE ALTEN REICHE

Mesopotamien

Mesopotamien („Zwischenstromland") heißt das etwa 350 km^2 große Gebiet zwischen den Flüssen Euphrat und Tigris. Der nördliche Teil mit den Städten Ninive, Mossul, Assur ist als Assyrien bekannt, der südliche als Akkad (Samarra, Eschnunna, Tell Agrab u. a.) und Sumer (Larsa, Ur, Uruk u. a.), der dazwischen liegende Teil als Babylonien. Mesopotamien war im Laufe seiner Geschichte oftmals Kriegsschauplatz. Aus der Zeit um 4000 bis 5000 v. Chr. sind die nach ihren Fundorten benannten Stadtreiche Hassuna, Samarra und Halaf bekannt.

Die folgende Obed-Zeit (bis etwa 3500 v. Chr.) währte bis zur Einwanderung der über Persien in das Land gelangenden Sumerer. Stadtstaaten wurden gegründet (darunter Ur, Nippur, Lagasch, Mari, Kisch) und eine hohe Kulturblüte setzte ein. Um 3000 v. Chr. wurde die Keilschrift erfunden.

Um 2350 v. Chr. begann mit König Sargon die Herrschaft Akkads über ganz Mesopotamien. Sie wurde hundert Jahre später von den Guti, einem aus dem Norden vordringenden Bergvolk, übernommen, deren Herrschaft etwa hundert Jahre später von den Königen von Uruk (Sumer) abgelöst wurde. Das Neusumerische Reich währte etwa von 2100 bis 2000 v. Chr. Nach wechselnden Einfällen der Elamiter (sie besetzten 2016 v. Chr. Ur) und semitischer Dynastien (um 2000 v. Chr.), begann die Blütezeit Babylons (etwa 1900 bis 1600 v. Chr.). Der bedeutendste babylonische König war Hammurabi (1792–1750 v. Chr.).

Im Norden regierte von etwa 1500 bis 1360 v. Chr. das indoeuropäische Volk der Mitanni. Dann dehnten die Assyrer (aus dem Stadtstaat Assur) ihre Herrschaft bald über ganz Mesopotamien und die Nachbarländer aus.

Nach einer Zwischenherrschaft der Aramäer aus Syrien (um 1000 bis 900 v. Chr.) begann Assyriens Aufstieg zum Weltreich. Es wurde nach mehr als hundertjährigem Kampf (729–612 v. Chr.) von Babylon besiegt. Unter König Nebukadnezar erreichte das Land um 570 v. Chr. einen Gipfelpunkt an Macht. Babylon wurde 539 v. Chr. von den Persern (Achämeniden) vernichtet und Mesopotamien wurde eine Provinz des persischen Weltreiches.

Syrien

Als „Brücke" zwischen den mächtigen Reichen Mesopotamiens, Ägyptens und Kleinasiens war Syrien Jahrtausende lang ein „Schmelztiegel der Völker". Die ersten Funde stammen aus dem 8. Jahrtausend v. Chr. Im 4. Jahrtausend v. Chr. besiedelten semitische Stämme (Kanaanäer) das Küstengebiet Syriens und das Hügelland des heutigen Jordaniens. Später folgten die semitischen Amoriter, die um 2000 v.Chr. bis nach Mesopotamien vorstießen und dort herrschten.

Als Nachfolger der Kanaanäer gelten die Phönizier, die Bewohner des syrisch-libanesischen Küstenstreifens. Das 2. Jahrtausend v. Chr. ist geprägt von den Einfällen indoeuropäischer Völkerscharen aus allen Teilen Kleinasiens. Zeitweise stand Syrien unter hethitischer Herrschaft, später unter ägyptischer. Im Norden des Landes nahm das Königreich Mitanni eine beherrschende Stellung ein.

Eine wichtige Rolle als internationaler Handelshafen des Mittelmeers spielte Ugarit (heute Ras Schamra) an der nordsyrischen Küste, das von 1800 bis 1600 v. Chr. einen regen Handel mit Kreta, von 1500 bis 1300 v. Chr. mit Mykene unterhielt.

Um 1200 v. Chr. drangen die „Seevölker" aus dem Norden in das Land ein. Die Philister ließen sich an der Küste Palästinas nieder. Von etwa 1200 bis 800 v. Chr. konnten sich auch noch „gemischte" syrisch-hethitisch-phönizisch-assyrische Stadtstaaten im Norden des Landes behaupten. Dann folgte die stürmische Zeit der Eroberungen durch Assyrer, Babylonier und Perser.

SELEUKIDEN- UND RÖMERZEIT

Nach den Schlachten bei Issus (333 v. Chr.) und Gaugamela (331 v. Chr.) fällt Vorderasien an Alexander von Makedonien („Alexander der Große"). Nach seinem Tod entstehen die Diadochenreiche; der Norden Syriens und der Irak gehören den Seleukiden, der Süden (mit Damaskus) den Ptolemäern.

Um 200 v. Chr. beginnen die Seleukiden ganz Syrien und Palästina zu besetzen. Aufstände, die von Rom unterstützt werden, lassen das Seleukidenreich später zerfallen.

Im Jahr 64 v. Chr. setzt der römische Feldherr Pompejus den letzten Seleukiden ab und macht das Land zur römischen Provinz Syria. Unter der Herrschaft von Herodes Antipas (4. v. Chr. bis 37 n. Chr.) wird Jesus in Jerusalem gekreuzigt.

Im Irak folgen den Seleukiden die aus Persien stammenden Parther und regieren von 135 v. Chr. bis 226 n. Chr.

106 n. Chr. gliedert Kaiser Trajan das Reich der arabischen Nabatäer (es umfaßte große Teile Palästinas und Jordaniens und reichte zeitweilig bis nach Damaskus) dem Römischen Reich ein.

Unter Kaiser Hadrian (117–138) erreicht Syrien einen großen Aufschwung. Kaiser Septimus Severus (193–211) heiratet eine Syrerin und kämpft erfolgreich gegen die Parther. Unter Kaiser Diokletian (284–305) erlebt Syrien eine letzte Blütezeit unter römischer Herrschaft.

Im Irak werden die Parther im 3. Jahrhundert von den Sassaniden, einer anderen persischen Dynastie, abgelöst, die bis zur arabischen Eroberung im Jahre 637 das Land regiert.

DIE ISLAMISCHEN REICHE

Nach der Teilung des Römischen Reiches (395) gehören Syrien und Palästina zum Oströmischen Reich. Nach 451 trennen sich die syrischen Kirchen von der byzantinischen Kirche im Streit um die Natur Jesu Christi (Monophysitenstreit).

Zu Anfang des 7. Jahrhunderts beginnen die persischen Sassaniden vom Irak aus die byzantinischen Besitzungen in Syrien und Palästina anzugreifen.

Noch in der ersten Hälfte des 7. Jahrhunderts beginnen die großen islamisch-arabischen Feldzüge. Omar, der zweite Kalif (d. h. Nachfolger Mohammeds), erobert 635 Damaskus, 637 Jerusalem. Anschließend besetzt er ganz Syrien und Palästina. Ihm folgen die Kalifen Othman und Ali (der Schwiegersohn des Propheten Mohammed). Mit der Ermordung Alis im Jahre 661 beginnt die Spaltung des Islam in Sunniten und Schiiten (s. S. 4).

Die sunnitischen Omaijadenkalifen regieren in Damaskus und dehnen ihre Eroberungszüge über Nordafrika bis nach Spanien und Südfrankreich aus. Im Jahre 750 folgt den Omaijaden die Dynastie der Abbasiden, die von Bagdad aus ihr Reich regiert. Unter Harun ar-Raschid (786–809) setzt eine Blütezeit ein.

Im 10. Jahrhundert zerfällt das Reich in einzelne Fürstentümer. Es herrschen die Tuluniden, die Ikhschididen, die ägyptischen Fatimiden (sie errichten ein Gegenkalifat), die Mirdasiden u. a. 1070 erobern die (türkischen) Seldschuken Syrien und große Teile Palästinas (Jordaniens). In der Folgezeit kommt es in diesen Ländern zu heftigen Kämpfen mit den Kreuzritterheeren, die mehrere Kreuzritterstaaten bilden. (1. Kreuzzug: 1096–1099; 2. Kreuzzug: 1147–1149; 3. Kreuzzug: 1189–1192; 4. Kreuzzug: 1202–1204; 5. Kreuzzug: 1228–1229; 6. Kreuzzug: 1248–1254).

Unter dem Druck der zur Macht gelangenden Mamluken verlieren die Kreuzfahrer 1303 ihre letzten festländischen Besitzungen im Nahen Osten.

1516 erobern die Türken unter ihrem Sultan Selim I. ganz Syrien und Palästina (Jordanien), später auch den Irak. In der Folgezeit werden alle Länder des Mittelostens Teile des Osmanischen Reiches. Arabische Aufstände gegen die türkischen Herrscher haben nur kurzfristig Erfolg. Das gilt auch für die Eroberungspläne Napoleons. Die Türkenherrschaft währt bis zum Ersten Weltkrieg (1914 bis 1918).

DIE ARABISCHEN STAATEN

1914-1918 Im Ersten Weltkrieg steht die Türkei, die den gesamten Mittelosten besetzt hält, auf Seiten Deutschlands und Österreich-Ungarns. Nach der Niederlage der Türken besetzen die Briten ganz Palästina und Syrien.

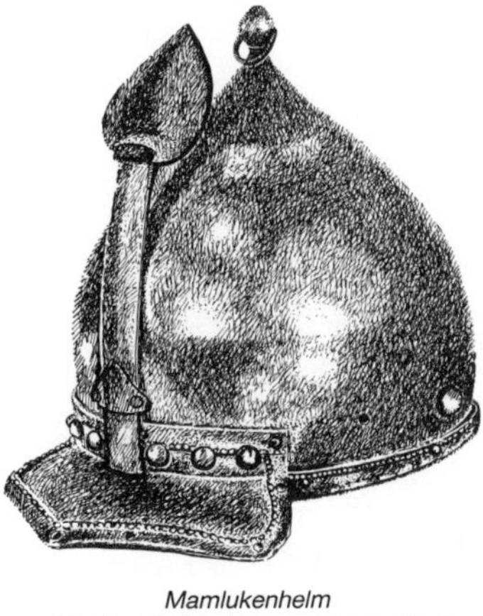

Mamlukenhelm (15. Jh.; Nationalmuseum Damaskus)

Syrien, der Libanon, Transjordanien und andere arabische Landesteile werden nach Kriegsende unter König Faisal zum „Arabischen Königreich Syrien“ zusammengeschlossen, das aber nicht von langer Dauer ist.

1920 Frankreich erhält das Mandat über Syrien, König Faisal wird gezwungen, das Land zu verlassen. Er wird für kurze Zeit König des Irak. Der Libanon wird von Syrien losgelöst und erhält ein gewisses Maß an Selbstverwaltung. Losgelöst von Syrien wird auch Transjordanien, das zusammen mit Palästina unter britische Mandatsherrschaft gelangt.

1921–1932 Der Irak gelangt unter britische Mandatsherrschaft. Dem irakischen König werden nur geringe Mitspracherechte in der internen Verwaltung des Landes eingeräumt. Die reichen Ölvorkommen des Landes werden in verstärktem Maße erschlossen und ausgebeutet.

1932 Der Irak wird eine konstitutionelle Monarchie. Das britische Mandat wird aufgelöst, doch behält Großbritannien seine „Einflußsphäre“.

1939 Die syrische Provinz Antiochien („Sandschak von Alexandrette“) wird von Syrien losgelöst und fällt an die Türkei, was von Syrien aber bis zum heutigen Tage nicht anerkannt wird.

1939–1945 Im Zweiten Weltkrieg wird Syrien eine unabhängige Republik.

1946 Transjordanien erlangt die Unabhängigkeit als Königreich, mit Emir Abdallah als erstem König.

1947 Palästina soll in einen arabischen und einen jüdischen Staat und eine internationalisierte Enklave Jerusalem geteilt werden.

1948 Nach dem Abzug der Briten kommt es in Palästina zum Krieg zwischen Arabern und Juden. Er wird am 3. 4. 1949 durch den Waffenstillstand von Rhodos beendet.

1949–1954 In Syrien gelangen hintereinander verschiedene Militärregierungen an die Macht.

1949 Nach der Beendigung der Feindseligkeiten zwischen Arabern und Juden in Palästina billigt das jordanische Parlament, als Vertretung für das arabische Zentral-Palästina und für Transjordanien, die Vereinigung der beiden Gebiete mit dem Namen: „Haschemitisches Königreich von Jordanien“.

1951 König Abdallah von Jordanien wird in Jerusalem ermordet. Ihm folgt sein Sohn Talal und diesem 1952 dessen Sohn Hussein.

1958 In der „Revolution vom 14. Juli“ wird die Monarchie im Irak gestürzt und die Republik ausgerufen. Syrien und Ägypten schließen sich zur „Vereinigten Arabischen Republik“ (VAR) zusammen, die aber 1961 wieder aufgelöst wird.

1963 Die „Wiedererstehungspartei“ (Hizb al-Baath al-Arabi al-Ischtiraki) übernimmt die alleinige Macht in Syrien.

1967 Im „Sechstagekrieg“ zwischen den arabischen Staaten und dem 1948 gegründeten unabhängigen Staat Israel werden die Altstadt von Jerusalem und der westlich des Jordan liegende Teil Jordaniens von den Israelis besetzt. Syrien verliert die Golan-Höhen am See Genezareth.

1973 Ein neuerlicher israelisch-arabischer Krieg führt in der Folgezeit zu einem teilweisen Rückzug der israelischen Truppen aus ägyptischen Gebieten.

1974–1977 Im Irak finden blutige Auseinandersetzungen zwischen kurdischen Unabhängigkeitskämpfern und irakischen Truppen statt.

1975–1976 Der blutige Bürgerkrieg im Libanon führt zum Einmarsch syrischer Truppen.

1980 Separat-Friedensschluß zwischen Ägypten und Israel. Zwischen dem Irak und dem Iran kommt es zum Krieg.

1982 Israel räumt die Sinai-Halbinsel. Israelische Truppen besetzen den Süden des Libanon.

1985 Israel zieht seine Truppen aus dem Libanon ab. Der Bürgerkrieg dauert an.

1988 Der Iran und der Irak schließen ein Waffenstillstandsabkommen.

1990 Irakische Truppen besetzen Kuwait. Auf Beschluß der UNO wird ein weltweites Handelsembargo gegen den Irak verhängt. Eine internationale Streitmacht marschiert in Saudi-Arabien auf.

1991 Die internationale Streitmacht greift unter Führung der USA das besetzte Kuwait und den Irak aus der Luft und am Boden an. Die irakischen Truppen verlassen Kuwait; die Kampfhandlungen werden eingestellt. Im Krieg in Brand gesetzte Ölfelder verursachen eine ökologische Katastrophe im Persisch-Arabischen Golf.

1992 Das internationale Handelsembargo gegen den Irak wird fortgesetzt.

Kunst und Kultur

Die mannigfaltigen antiken und islamischen Kunstschätze der arabischen Länder und die anderen Ausgrabungsfunde sind in mehreren Museen des Irak, Syriens und Jordaniens zu sehen. Die wichtigsten davon sind das Iraqi-Museum in Bagdad, das Mossul-Museum, die syrischen Nationalmuseen von Damaskus und Aleppo und das jordanische Nationalmuseum von Amman. Sehr viele Kunstschätze befinden sich in den Museen der ehemaligen Mandatsmächte: im Britischen Museum in London und im Louvre in Paris, außerdem im Pergamonmuseum in Berlin.

Neben den monumentalen Stelen, Rundplastiken und Reliefs altorientalischer Herrscher und Gottheiten sind es oft gerade die kleinen Funde, die uns über das damalige Alltagsleben Aufschluß gewähren.

Die Rollsiegel, kleine, mit minutiösen Bildern und Inschriften gravierte Steinzylinder, die von einer Kette durchzogen am Hals getragen wurden, führte jeder freie Mann mit sich, um jederzeit seine „Unterschrift" in auf weichen Ton geritzte Urkunden und Briefe abrollen zu können. Unzählige Szenen aus Mythen und Epen, aber auch alltäglichen Tätigkeiten bieten sich so auf kleinstem Raum dem Auge des Betrachters dar.

Zu den bedeutendsten Funden gehören sicherlich auch die Tontafeln. Zu Hunderttausenden wurden sie von den Archäologen aus Palastarchiven ans Licht gebracht. Nicht nur die Entwicklung der Schrift, deren Erben wir sind, die sich von der Bilder-, über die Silben- zur Buchstabenschrift vollzog, läßt sich hier ablesen, mit diesen Tontafeln blieben uns Urkunden, Verträge, private Korrespondenz, Gesetzeswerke und vieles mehr erhalten.

Aus den großen Kulturepochen der Sumerer, Assyrer, Babylonier usw. sind noch einzigartige Ruinenstädte und Baudenkmäler erhalten. Die uralten Städte Mesopotamiens erscheinen in der Form sogenannter *Tells* („Hügel"), wo die Trümmer und Ruinen von vorhergegangenen Städten übereinander geschichtet liegen. So hat beispielsweise *Tell Hassuna* südlich von Mossul 16 übereinander liegende Kulturschichten.

Die älteste bisher bekannte Siedlung wurde als tiefste Schicht der über 30 m hohen Anhöhe von *Muallafat* am oberen Tigris freigelegt: Keramiken und Tonkrüge mit Fischgrät- und Zickzackmuster stammen aus dem 4. Jahrtausend v. Chr. Zu den berühmten Funden aus *Uruk* zählt das älteste überhaupt bekannte kultische Steingefäß: eine etwa ein Meter hohe Alabastervase aus dem Ende des 4. Jahrtausends v. Chr., auf der in meisterhafter Gravierung Reliefs die Darbringung von Wasser und Frucht-Opfern für die Göttin Innana darstellen.

Mit Hilfe von Schädeln und Figuren konnten Wissenschaftler auch ein Modell eines sumerischen Frauenkopfes herstellen, den der hauptsächlich aus Blattgold bestehende Kopfschmuck der Königin Sjubad aus den 5000 Jahre alten Königsgräbern von *Ur* verschönt.

Wichtige antike Ruinenstätten

Im Irak

Babylon: Die „Hängenden Gärten" zählten zu den Sieben Weltwundern. Berühmt ist das Ishtar-Tor mit einzigartigen Basreliefs. Ein uralter Tempel-Stufenturm wird als Rest des biblischen Turmbaus von Babel bezeichnet.

Uruk (Al-Warka): Im 4. Jahrtausend v. Chr. ein religiöser Mittelpunkt und Kulturzentrum der Sumerer.

Ur: Ehemaliger Mittelpunkt der sumerischen Zivilisation, Hauptstadt dreier Königsdynastien (Königsgräber). Aus der Zeit um 2000 v. Chr. stammt die eindrucksvolle *Zikkurat* (Tempelturm).

Eridu: Nach sumerischen Aufzeichnungen die erste Stadt in der Geschichte der Menschheit. Freigelegt sind ein Palast, eine Zikkurat (ähnlich der von Ur) und 17

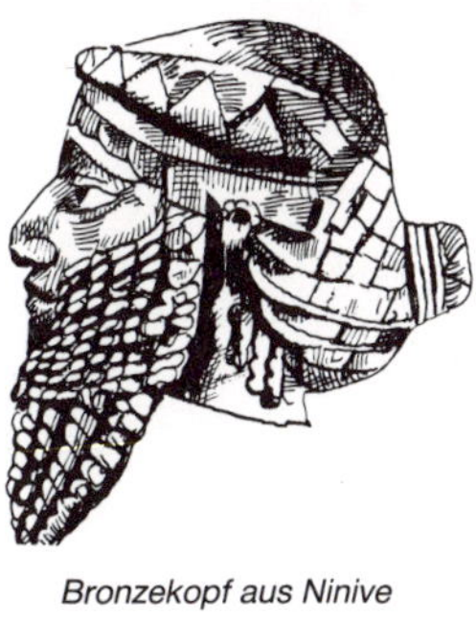

Bronzekopf aus Ninive

Tempel, von denen jeder auf den Resten seines Vorgängers erbaut wurde.

Nimrud: Die früher „Kalah“ genannte Hauptstadt der Assyrer aus der Regierungszeit des Königs Shalmaneser I. (1280–1260 v. Chr.).

Ninive (Mossul): Dritte Hauptstadt der Assyrer. Palast- und Tempelruinen von Tell Kuyunjik und Tell Nebi Yunus. Im Palast des Königs Assur-Bani-Bal fand man dessen Bibliothek, bestehend aus 35 000 Tafeln mit religiösen, literarischen und wissenschaftlichen Texten. Weltberühmt sind die Darstellungen der „Geflügelten Löwen“.

Khorsabad: Hauptstadt des assyrischen Königs Sargon (721–705 v. Chr.). Berühmt sind die aufgefundenen Basreliefs.

Tell Harmal (bei Bagdad): Ehemalige Provinzhauptstadt aus der Zeit um 2000 v. Chr. Wurde vor allem berühmt durch die aufgefundenen mathematischen Aufzeichnungen.

Hatra: Befestigte Tempelstadt aus dem 1. Jahrhundert v. Chr. mit Bauten in assyrisch-hellenistisch-parthisch-römischen Stilformen.

In Jordanien:
Dscherasch: Das römische *Gerasa,* mit prächtig erhaltenen Bauresten aus dem 1. bis 3. Jahrhundert n. Chr.

Amman : Das biblische *Rabbath Ammon,* das ptolemäische *Philadelphia.* Erhalten sind ein Theater und ein Tempel aus der Römerzeit (2. Jh. n. Chr.).

Petra: Im 2. Jahrtausend v. Chr. von den Edomitern gegründete Siedlung, die im 2. Jahrhundert v. Chr. unter den Nabatäern Reichshauptstadt wurde. Sehr ausgedehntes Ruinenfeld („Schatzhaus des Pharao“, Felsengräber, Tempelreste, Opferplätze usw.).

In Syrien:

Palmyra : 4000 Jahre alte Kanaaniter- und Aramäer-Stadt. Im 3. Jahrhundert n. Chr. Residenz der Königin Zenobia und eine der prunkvollsten Städte des Orients. Sehenswerter Triumphbogen, Tempel und Grabmäler aus dem 1. bis 3. Jahrhundert.

Bosra: Römische Ruinenstadt mit gut erhaltenem römischem Theater sowie byzantinischen und islamischen Ruinen.

Ugarit (Ras Schamra): Im 3. Jahrtausend v. Chr. von den Kanaanitern gegründete Stadt, die um 1500 v. Chr. ihre Blütezeit hatte. Hier wurden Tontafeln mit der ersten alphabetischen Schrift der Welt gefunden (heute im Nationalmuseum Damaskus).

Ebla: Bedeutende Handelsstadt der frühen Bronzezeit südwestlich von Aleppo.

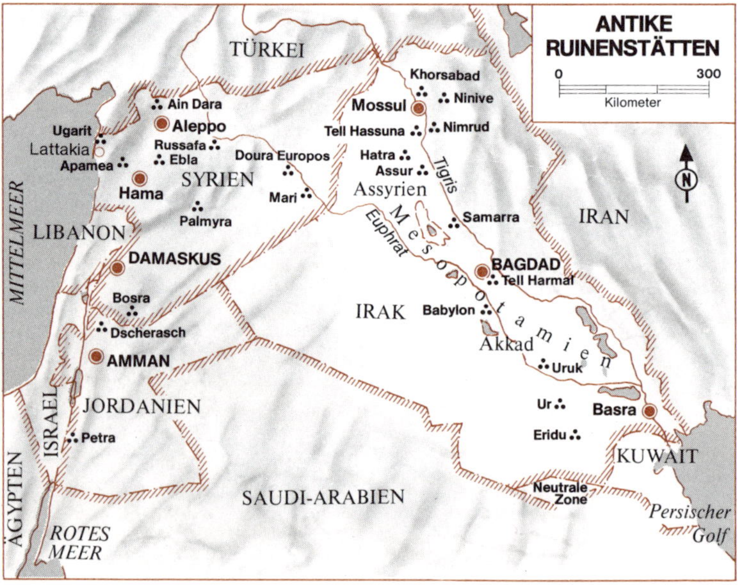

Im Palast wurde ein bedeutendes Tontafelarchiv in Keilschrift gefunden.

Mari: Am Euphrat gelegene Ruinenstadt aus dem 2. und 3. Jahrtausend v. Chr.

Doura Europos: Am Euphrat gelegenes umfangreiches Ruinenfeld aus der Römer- und Sassanidenzeit.

Apamea (El Mudiq): Im Tal des Orontes erbaute Römerstadt mit eindrucksvoller Säulenstraße.

Tell Halaf: Hethitersiedlung mit Funden aus dem 1. Jahrtausend v. Chr.

Byzantinische Bauten

Syrien, ein Teil des Jordanlandes und Palästina gehörten nach der Teilung des Römischen Reiches (395 n. Chr.) zum Oströmischen Reich (Byzanz). In Syrien sind noch zahlreiche Baureste und Denkmäler aus der byzantinischen Zeit erhalten. Das bedeutendste ist das *Simeonskloster* (Qalaat Samaan) in der Nähe von Aleppo, aus der Zeit um 480 (s. S. 37). Bedeutende byzantinische Ruinen von Sakralbauten findet man auch in anderen Orten Nordsyriens (so in den „toten Städten" Qalb Lozeh, Al Bara, Al Breje). In Ezraa (nahe der jordanischen Grenze) ist die Georgskirche (um 410) sehenswert. Auch nahe bei Suweida gibt es noch Reste einer byzantinischen Basilika und einer Kirche aus dem 4. und 5. Jahrhundert.

Inmitten der Syrischen Wüste liegt die Ruinenstadt *Russafa* (*Rasafeh),* mit Stadtmauern, Ruinen byzantinischer Kirchen und Zisternen.

In Jordanien enthält die griechisch-orthodoxe Kirche von *Madaba* (südlich von Amman) ein prächtiges byzantinisches Mosaik aus dem 6. Jahrhundert. Es stellt die Landkarte des alten Palästina dar.

Kreuzfahrerburgen

Berühmt ist vor allem der *Krak des Chevaliers* (Qalaat el-Hosn) westlich von Homs (Syrien), eine im 12. und 13. Jahrhundert erbaute Burg auf einem 750 m hohen Hügel (s. S. 46), die zu den besten Beispielen mittelalterlicher Festungsbaukunst im Orient zählt.

In *Tartus* (syrische Mittelmeerküste) sind die aus der Kreuzfahrerzeit stammende Kathedrale Notre Dame de Tortose und die Festung der Tempelritter (12. und 13. Jh.) erhalten. In der Nähe liegt die Ruine der Kreuzfahrerburg Qalaat Yahmur. Etwas weiter nördlich erhebt sich die arabische Festung Qalaat Marqab, die im 12. Jahrhundert einer der wichtigsten Stützpunkte der Kreuzfahrer war.

Das Amphitheater von Bosra

Östlich von *Hamidiye* (nahe der libanesischen Grenze) liegt die Kreuzritter-Burgruine Arami (Qalaat Areime). In Jordanien ist die südlich von Amman liegende Kreuzritterburg von *Kerak* sehenswert. Die in der Nähe von *Dscherasch* über dem Jordantal liegende arabische Burg Qalaat Er-Rabad stammt ebenfalls aus der Zeit der Kreuzfahrer.

Die nördlich von Petra in *Schaubak* liegenden Ruinen des Schlosses Montréal, das 1115 Balduin I. errichten ließ, wurden im 14. Jahrhundert von den Arabern restauriert; im ursprünglichen Stil erhalten blieb die Kreuzfahrerkapelle.

Islamisch-arabische Architekur

Der islamische Einfluß bewirkte eine neue Orientierung in der Kunst, da figurale Darstellungen verboten waren. So entstand eine große Dekorationskunst, die sich in geometrischen Ornamenten und Arabesken ausdrückt. Vor allem an den Moscheen, deren Bau zu einer Hauptaufgabe der islamisch-arabischen Baukunst wurde, kann man diese Schmuckornamente bewundern.

Die meisten Moscheen besitzen einen von Bogengängen eingefaßten Vorhof mit einem Reinigungsbrunnen für die rituellen Waschungen. Der Gebetsraum kann entweder eine Pfeilerhalle sein (ein Musterbeispiel dieses „ursprünglichen" Moscheenbaustils ist die Omaijadenmoschee in Damaskus) oder ein mehr oder minder hoher Kuppelraum (z. B. bei der Zentralkuppelmoschee Khaled Ibn Walid in Homs, aber auch bei den Domkuppelmoscheen des Irak). Als wichtige Elemente in Gebetsräumen fallen vor allem die meist reich geschmückte Gebetsnische (Mihrab), die nach Mekka gerichtet ist, und die Kanzel (Minbar) auf. Die Wandverkleidungen der Moscheen sind – je nach den Einflüssen verschiedener Kunstepochen – Stuck und Stuckreliefs mit gla-

Mihrab und Minbar der Omaijadenmoschee

sierten Ziegelmosaiken, später vor allem Fliesenmosaiken mit ornamentalen und geometrischen Mustern. Ein charakteristisches Merkmal der Moschee ist das Minarett (oft auch mehrere Minarette). Oft gehören auch Koranschulen (Medressen) zu einer Moschee.

Die schönsten Beispiele frühislamischer Architektur findet man in *Syrien* in Damaskus (Omaijadenmoschee, Karawansereien, Koranschulen), Aleppo (Zitadelle, Koranschulen), Homs (Khaled-Ibn-Walid-Moschee), Hama und Bosra sowie im *Irak* in Bagdad (Abassidenpalast, Moscheen, Koranschulen u. a.), Ktesiphon (Rest des Sassanidenpalastes), Kerbela (Moscheen Imam Abbas und Imam Husseins u. a.), Najaf (Moschee Imam Alis, Koranschulen), Kufa (Moschee), Samarra (Spiralminarett und „Goldene Moschee“), Mossul. Aus dem 18. Jahrhundert stammen die Azem-Paläste in Damaskus und Hama.

Bemerkenswerte arabische Burgen stehen im Irak in Uchaidhir, Samarra und Kirkuk, in Syrien in Ja'abar, Al-Madiq, Sheisar und Najm, und in Jordanien in Qalat er-Rabad (Adschlun). Qasr er-Kharana, Qasr Amra Azraq (das Schloß diente im Winter 1917 T. E. Lawrence als Hauptquartier), Qasr El-Muschatta, Khirbet El-Mafdschar (Kreuzfahrerburgen s. S. 11).

Museen

Syrien: Neben den Nationalmuseen von Damaskus und Aleppo, die sehr bedeutende prähistorische und frühgeschichtliche Ausgrabungsfunde, historische und Kunstsammlungen beherbergen, sind die lokalen Museen von Tartus, Shahba Suweida und Idlib sehenswert. Im Al-Azem-Palast von Damaskus ist ein Folklore- und Kunstgewerbemuseum untergebracht. Damaskus beherbergt auch ein Landwirtschafts- und ein Militärmuseum. In der weltberühmten Ruinenstadt Palmyra gibt es ein Museum mit antiken Büsten, Statuen und palmyrenischen Grabstelen.

Jordanien: Das Nationalmuseum in Amman beherbergt archäologische und historische Sammlungen, Erinnerungsstücke aus den Kriegen zwischen Kreuzfahrern und Arabern sowie kunsthandwerkliche Sammlungen. In der Zitadelle von Kerak gibt es ein interessantes Burgmuseum. Lokale Museen sind in Madaba und Petra.

Irak: Das Iraqi-Museum in Bagdad enthält große archäologische Schätze aus Mesopotamien, die Aufschluß über die Kulturen der Sumerer, Akkader, Babylonier, Assyrer usw. geben. In Bagdad sind auch das Baghdadi-Folkloremuseum, das Abassidenpalast-Museum (arabische Gebrauchs- und Kunstgegenstände seit dem 12. Jh.), das Ethnographische Museum (mit einer prächtigen Sammlung alter Trachten) und das Naturhistorische Museum sehenswert. Daneben beherbergt Bagdad auch eine Galerie moderner Kunst und ein Waffenmuseum. In Mossul gibt es ein archäologisches Museum mit Ausgrabungsfunden aus Nimrud und Hatra; in Babylon eines mit lokalen Funden.

Kunsthandwerk

Die traditionelle Handwerkskunst in den arabischen Ländern ist ein wertvolles Kulturgut, das von arabischen Künstlern in Jahrhunderten entwickelt wurde und noch überall gepflogen wird.

Weberei: Syrische Brokate sind weltbekannt. Sie werden aus Naturseide hergestellt, sind oft mit Gold- und Silberfäden durchwirkt und zeigen verschiedene Motive (Vögel, Blumen, geometrische Formen, Gazellen usw.), zumeist in leuchtenden Farben. Damaskus ist vor allem wegen seiner prächtigen Damaste bekannt. Die Stadt Mossul (Irak) gab den dort erzeugten Musselinen den Namen. Berühmt sind auch die Atlasstoffe aus Aleppo.

Holzschnitzerei: Die Holzschnitzarbeiten mit Intarsien aus Perlmutt, Knochen und

Elfenbein zählen zu den beliebtesten Mitbringseln. Die verschiedenen Arbeiten sind sehr dekorativ und tragen Zeichnungen, geometrische Muster oder Pflanzenornamente in harmonischen Formen und gut abgestimmten Farben.

Glashandwerk und Keramik: Das Verfahren der Glasbläserei soll laut Plinius im 1. Jahrhundert von phönikischen Handwerkern erfunden worden sein. Die Venezianer übernahmen später von den Damaszenern die Technik der Glasherstellung. Glasmosaiken, Glasmalereien, bunte geschliffene Gläser, Keramikgefäße und Porzellan zeichnen sich durch ihre schönen orientalischen Ornamente und Zeichnungen aus.

Kunstschmiede- und Metallhandwerk: Es ist in allen arabischen Ländern sehr ausgeprägt. Bearbeitet werden hauptsächlich Kupfer, Eisen, Silber und Gold. Mit großem Geschick und viel Geduld werden in die Metallplatten oder auf die Metallgefäße Gravierungen und Arabesken einziseliert. „Damaszener Klingen" hatten im Mittelalter einen hohen Ruf – sie werden noch heute hergestellt.

Die bunten und wertvollen handgeknüpften oder handgewebten Teppiche und Wandbehänge gehören bereits zu den „Raritäten" des arabischen Kunsthandwerks; sie werden immer mehr von den industriell gefertigten Arbeiten verdrängt. Auch das Lederhandwerk ist verbreitet.

Feste und Veranstaltungen

Folkloristische Veranstaltungen finden besonders in Syrien und Jordanien häufig statt. Manche Hotels (vor allem in den Ferienorten, Heilbädern und großen Städten) bieten ihren Gästen Volkstanzgruppen in ihren bunten Kostümen und Volksmusik-Abende. Recht lebhaft geht es bei den Volksfesten zu, bei denen man auch Trachten aus allen Landesteilen sehen kann. Viel gesungen und getanzt wird auch bei den „Frühlingsfesten" in Mossul (April), in Bagdad und Lattakia.

Bekannt sind auch das Weinlesefest (Ende Juli/August) von Suweida/Syrien, das Baumwollfest (August/September) von Aleppo, der Blumenkarneval von Lattakia (April) und das Fest am Evacuation Day (17. April) in Damaskus und anderen Städten. Weitere Veranstaltungen sind: Fest der Wüste in Syrien (April), Bosra-Festival (September), Jerash-Festival im Hochsommer.

Kulturelle Darbietungen kann man auch anläßlich der Internationalen Messen von Damaskus (Ende August/September) und Bagdad (im Oktober) sehen.

In Amman, der Hauptstadt Jordaniens, werden in den Sommermonaten die bei Flutlicht stattfindenden folkloristischen Abende, Theater- und Konzertaufführungen im Römischen Theater viel besucht.

Bei den religiösen Festen und Feierlichkeiten lassen sich die Muslime nicht gern von Anders- oder Nichtgläubigen beobachten. Die religiösen Feste der christlichen Araber werden mit großem Aufwand gefeiert; so in Syrien das Fest der heiligen Jungfrau in Sednaya (8. September), das Fest des Heiligen Kreuzes in Maalula (14. September) und das Fest des heiligen Georg in Al-Humaira.

Genaue Auskünfte über die interessantesten Feste und Feierlichkeiten geben die Touristenbüros in Amman, Damaskus, Aleppo und Bagdad.

Grabstele eines Mädchens aus Palmyra

Speisen und Getränke

Der Vordere Orient hat eine ganz eigene, aber hervorragende Küche. Die ausgesprochen schmackhaften arabischen Gerichte verdanken ihre Eigenart unzähligen Kräutern, raffinierten Zusammenstellungen von Gewürzmischungen und Ingredienzien, die teilweise sogar nach Rosen- oder Orangenblüten duften. Die Speisen sind dem Klima vorzüglich angepaßt, denn in heißen Breiten muß zur Anregung der Verdauung gut gewürzt werden. Bei der Fleisch- und Gemüsezubereitung finden besonders Knoblauch, Zwiebel, Safran und Kardamom reichlich Verwendung, bei den Süßspeisen dominieren Nüsse und Honig.

Am häufigsten wird Hammel- und Lammfleisch zubereitet, seltener Hühner- und Rindfleisch. Schweinefleisch ist aus religiösen Gründen verboten. Typisch für die Küchen Vorderasiens ist die Verwendung von Joghurt (Laban) zum Kochen und für Soßen aller Art.

Erstklassige Restaurants, in denen man auch europäisch zubereitete Gerichte essen kann, gibt es fast nur in den großen Städten (Damaskus, Aleppo, Lattakia, Tartus, Amman, Aqaba, Bagdad, Basra) und in den Hotelrestaurants bekannter Touristenorte.

Einheimische Gerichte

Kebab ist eines der beliebtesten Gerichte in Vorderasien. Gewürzte kleine Fleischstücke oder Hackfleischwürstchen werden über dem Holzkohlenrost gebraten. In Gaststätten wird Kebab zumeist mit sauer eingelegten Gemüsen (Gurken, grüne Tomaten, Zwiebeln), Oliven und verschiedenen Salatsorten serviert. Dazu ißt man Fladenbrot.

Musakhan ist gegrilltes Geflügel in Olivenöl und Zwiebelsoße auf arabischen Brotfladen.

Maqluba („Gestürztes") besteht aus kleinen Fleischstückchen, Hackfleisch, Reis und Gemüsen der Saison (vor allem Auberginen oder Trüffeln). Das Gericht wird vor dem Auftragen auf eine flache Platte gestürzt.

Ein traditionelles Festessen der Beduinen ist *Mansaf:* Lammfleisch wird geschmort oder gekocht und mit Laban (einheimischer Joghurt) auf einer Schüssel mit Reis gereicht. Mehrere Personen können *Mansaf* auch in einer Gaststätte bestellen.

Wer Lammfleisch liebt, wird bei *Qozi* (auch *Qouzi)* auf seine Rechnung kommen: Ein ausgenommenes kleines Lamm wird zuerst gekocht und dann am Spieß gebraten. Im Irak wird es in der Regel mit gewürztem Reis gefüllt, auch mit Gemüsen, Paprikaschoten und ähnlichem, dann auf einer langen Schüssel oder einem Tablett aufgetragen und mit feinem, trockenem Reis gegessen.

In Syrien sollte man die fast überall erhältlichen *Mezzé* (Mazé) genannten Vorspeisen versuchen, die zwar als Hors d'œuvres gereicht werden, aber – ebenso wie im Libanon – doch eine eigene Mahlzeit bilden: In mehreren kleinen Porzellanschüsseln werden verschiedene Mezzés vor dem Gast aufgetragen: Salate, Pasten und Breie aus Tomaten und anderem Gemüse, mit Fleisch gefüllte Teigtäschchen, Käse, Oliven, kleine Fischgerichte, Fleischstückchen.

Bekannte Mezzés sind: *Hummus,* ein Brei aus Kichererbsen mit dickflüssiger Sesampaste, mit Salz, Knoblauch und Zitrone gewürzt und reichlich mit Olivenöl übergossen; *Tabboulé,* zarte Kohl- oder Salatblätter mit gehackter Petersilie, Tomaten, Weizenschrot und anderem. *Babaganusch,* gebratene, fein gewiegte oder zur Paste verrührte Auberginen, die manchmal mit Granatäpfelkernen garniert sind; *Bassalia,* gedämpfte Zwiebeln mit Salaten; *Kibbé Naje,* fein gehacktes Lamm- oder Hammelfleisch mit Weizenschrot (eine Art Beefsteak à la tartare); *Fatayer,* mit Hammelfleisch oder Spinat und Pinienkernen gefüllte Teigtäschchen; *Warak-anab Mahchi,* mit Gemüse und Fleisch gefüllte Weinblätter.

Die Mezzé soll nicht nur schmackhaft und vielfältig sein, den Gaumen kitzeln und den Magen auf die Freuden der kommenden Gänge vorbereiten: in guten Restaurants legt man großen Wert darauf, daß die Mezzé-Tafel auch eine Augenweide ist.

Zu den orientalischen Spezialitäten gehört die Dolma, was einfach „Gefülltes" bedeutet. Gefüllt werden gekochte oder eingelegte Weinblätter, Tomaten, Paprika, Gurken, Auberginen und große Zwiebeln mit gewürztem Reis, dem größere oder kleinere Mengen gebratenes Hackfleisch beigemengt sind. Da die Dolma zuweilen in einer recht scharf gewürzten Fleischsoße gereicht wird, sollte man auf den zur besseren Bekömmlichkeit gereichten Arrak oder Dattelschnaps nicht verzichten.

Die in Syrien und im Libanon *Scha'urma (Schwarma)* und im Irak *Gass* genannte Speise besteht aus dünnen Scheiben von Fleisch (zumeist Hammelfleisch), die so lange übereinander auf einen langen Spieß aufgesteckt werden, bis sie einen hohen „Fleischzylinder" bilden. Der Spieß wird dann langsam vor einem Holzkohlenrost gedreht. Wenn die äußere Fleischschicht knusprig gebraten ist, säbelt man sie mit einem feinen Messer herunter, bestreut sie mit frischem Pfefferminzkraut und serviert sie warm (oft auch als Einlage im Fladenbrot) mit Salaten, eingelegten sauren Zwiebeln, Oliven usw. Der Fleischspieß dreht sich weiter, bis wieder eine Schicht knusprig gebraten ist. Bei uns ist das Gericht unter seinem türkischen Namen „Döner Kebap" oder unter dem griechischen Namen „Giros" bekannt.

Kubba

Die Kubba ist eine der beliebtesten vorderasiatischen Spezialitäten. Man findet sie überall in Syrien, in Jordanien und im Irak, und man kann dafür auch die Namen „Kibbeh" und „Kobba" hören. Das Gericht gibt es in verschiedenen Formen und Geschmacksrichtungen.

Gemeinsam ist allen Variationen, daß eine Art Teig aus Borghul und Fleisch (manchmal auch Fisch) zu Knödel oder Taschen geformt wird, die gefüllt in Öl oder auf dem Holzkohlenrost gebraten oder in Wasser gekocht werden – man kann die Kubba aber auch roh essen.

Borghul oder Bulgur ist Weizenschrot: Weizenkörner werden gekocht, in der Sonne getrocknet und dann zerstoßen oder grob gemahlen. Für die Kubba wird der Borghul mit rohem Lammfleisch (oft zusammen mit Pfefferminzblättern) vermischt und in einem Mörser zerstampft. Flache Scheiben aus diesem Teig werden dann mit geriebenen Nüssen, Mandeln oder Pinienkernen, mit Sultaninen, gehackter Zwiebel und verschiedenen Kräutern (darunter oft Petersilie oder Knoblauch) gefüllt.

Fischgerichte

In Tartus, Lattakia und anderen Orten der Mittelmeerküste bekommt man verschiedene Seefisch-Spezialitäten. Sehr häufig werden die Fische in kleinen Stükken in Salzwasser gekocht oder in Sesamöl gebraten und reich gewürzt, dann meist zusammen mit Tomaten, Zwiebeln, Mandeln, Pinienkernen, Petersilie oder anderen Zutaten auf geröstetem Reis serviert.

In Bagdad und in verschiedenen Orten am Tigris ist *Masguf* eine Spezialität. Der frisch aus dem Tigris gefangene Fisch wird sofort in den kleinen am Ufer liegenden Gaststätten oder in den offenen „Fischbratereien" zubereitet.

Geflügel

Es ist auch in den kleinen Orten erhältlich. Die Hühner werden zumeist gegrillt serviert. Man grillt sie entweder über der Holzkohlenglut oder (hauptsächlich im Irak) in großen Glas-Schaukästen über Gasflammen. Geflügel ißt man gerne mit Salaten oder rohem Blattgemüse (dieses sollte nur sehr gut gewaschen oder am besten überhaupt nicht gegessen werden).

Getränke

Guten Tee bekommt man fast überall. Leider ist man in vielen Hotels und Restaurants schon dazu übergegangen, Tee aus Aufgußbeuteln zu servieren. Wenn man „arabischen Tee" bestellt, bekommt man oft feinen Pfefferminztee serviert. Die kunstvolle Bereitung echten arabischen *Kaffees* ist eine alte Beduinen-Tradition. Er schmeckt kräftiger und wegen der beigefügten Prise Kardamom würziger als der „europäische Kaffee", den der Tourist in Hotels zum Frühstück bekommt.

Zu den Mahlzeiten wird Wasser (Trinkwasser wird in Fläschchen serviert) getrunken, in Restaurants auch Sprudel, Fruchtsaftgetränke, Cola und ähnliches. Die einheimischen (Lizenz-) Bierbrauereien erzeugen ein ausgezeichnetes helles Bier. Die Preise sind je nach der Marke sehr unterschiedlich, aber immer hoch.

Die Weinproduktion ist gering, doch gibt es sowohl in Syrien wie auch in Jordanien und im Irak Weingärten, in denen ein guter Wein produziert wird. Man stellt ihn hauptsächlich für die christlichen Minderheiten her (der strenggläubige Muslim trinkt keinen Alkohol) und für die ausländischen Touristen. Importierter Wein ist teuer. *Arrak* ist ein starker, mit Anis versetzter Schnaps, den man mit Wasser verdünnt trinkt.

Grundsätzlich sollte man weder Leitungsnoch Brunnenwasser trinken, es sei denn, man benutzt Entkeimungsmittel oder Spezialfilter (z. B. Katadyn).

Reisewege und Fahrpreise

Syrien, Jordanien und der Irak sind zwar auf dem Landweg, mit dem Schiff und mit dem Flugzeug erreichbar, wegen der politischen Verhältnisse ist es jedoch ratsam, von Europa aus den direkten Luftweg zu wählen.

Mit dem Flugzeug

Von allen großen europäischen Flughäfen (Frankfurt, München, Genf, Wien usw.) gibt es fast täglich eine Direktverbindung nach Amman und Damaskus. Von dort aus sind gute Anschlußflüge in den gesamten arabischen Raum möglich. Die Flugverbindung nach Beirut setzt ruhige politische Verhältnisse voraus. Zwischen Beirut, Damaskus und Amman verkehren regelmäßig Service-Taxis und Autobusse.

Bagdad wird, wenn es die politische Situation erlaubt, zwei- bis dreimal pro Woche angeflogen. Gute Verbindungen bestehen ferner von Frankfurt, Berlin-Schönefeld und Genf über Ankara mit Damaskus, Amman, Bagdad und Kuwait.

Die Flugzeit nach Amman (MEZ + 1 Stunde) beträgt von Frankfurt und Genf rund viereinhalb Stunden, von Wien etwa vier Stunden. Der Rückflug nach Frankfurt und Genf dauert etwa drei Stunden, nach Wien etwa zweieinhalb Stunden.

Die Flugpreise betragen in der Touristenklasse (Economy) und (in Klammern) für den Hin- und Rückflug zum Sondertarif von Frankfurt nach Beirut 3036 (1156) DM, nach Amman 3036 (1432) DM, nach Damaskus 3036 (1432) DM und nach Bagdad 3849 (2736) DM.

Syrien, Jordanien, der Irak, Kuwait und die anderen arabischen Länder sind auch untereinander täglich mit dem Flugzeug zu erreichen. Internationale und Binnenflüge innerhalb der arabischen Länder unternehmen die MEA (Middle East Airlines), die Royal Jordanian Airlines, die Iraqi Airways, die Syrien Arab Airlines und andere Gesellschaften.

Innerhalb der arabischen Länder sind die Flugpreise niedrig. In Syrien gibt es sehr preiswerte Flugverbindungen von Damaskus nach Aleppo, Lattakia, Deir ez-Zor und Qamishliye sowie von Aleppo nach Deir ez-Zor. Innerhalb des Irak gibt es Flugverbindungen von Bagdad nach Mossul, Kirkuk und Basra, in Jordanien von Amman nach Aqaba.

Die Flugscheine für die Anschlußflüge sind billiger, wenn man sie in Syrien, Jordanien oder im Irak kauft. Die Flugpreise betragen in der Touristenklasse von Amman nach Damaskus etwa 150 DM, von Amman nach Beirut etwa 220 DM. Von Amman nach Bagdad etwa 400 DM. Die Flugpreise sind grundsätzlich in frei konvertierbarer Währung zu bezahlen.

Zahlreiche deutsche und schweizerische Reisebüros bieten bei einer Mindestteilnehmerzahl von 10 bis 15 Personen sehr stark ermäßigte Gruppenflüge mit Aufenthalten und Rundfahrten in den arabischen Ländern (ausgenommen den Irak) zu Inklusivpreisen an. Genaue Auskünfte erteilen die großen Reisebüros.

Mit dem Schiff

Wer seine Reise mit dem Schiff antreten möchte, kann sich (ruhige politische Verhältnisse vorausgesetzt) in fast allen europäischen Häfen nach Beirut (Libanon) einschiffen. Von dort gibt es Straßenverbindungen (Autobus, Servicetaxi) nach Lattakia, Aleppo, Damaskus und Amman (über Damaskus) sowie von Damaskus über Amman in den Irak. Die schnellsten und besten Schiffsverbindungen bestehen von Venedig, Triest oder Genua nach Beirut. Die Fahrzeit beträgt etwa vier bis fünf Tage (ab Genua 6 Tage).

Manche Schiffe italienischer und griechischer Linien nehmen auch Passagiere auf, die nur die Deckpassage (ohne Kabine und ohne Mahlzeiten) buchen. Gegen einen geringen Aufpreis kann man in einem Schlafsaal übernachten.

Die Transportkapazität für Personenautos ist beschränkt, eine frühzeitige Anmeldung – vor allem in den Frühjahrs- und Sommermonaten – notwendig.

Von deutschen Häfen aus kann man mit Frachtschiffen nach Beirut und Lattakia fahren. Viele Frachtschiffe haben Ein- und Zweibettkabinen mit Erstklass-Standard für sechs bis zwölf Personen. Kreuzfahrtschiffe legen zur Zeit in Beirut nicht an. Es besteht die Möglichkeit, von Lattakia und Tartus aus Aleppo und Damaskus auf einem Tagesausflug zu erreichen.

Der Seehafen des Irak ist Basra. Von hier aus verkehren die Schiffe durch den Persischen Golf nach Süd- und Ostasien, nach Afrika und durch das Rote Meer und den

Sueskanal nach Europa; ein touristischer Verkehr ist jedoch derzeit nicht möglich.

Vom mittelgriechischen Hafen Volos aus verkehrt eine Autofähre der Gesellschaft „Hellas Ferries“ über Limassol auf Zypern nach der syrischen Hafenstadt Tartus. Die Verbindung ist ganzjährig, in beiden Richtungen sind die Abfahrten alle fünf Tage. Man fährt etwa zwei Tage lang. Für die einfache Fahrt zahlt man pro Person in einer Vierbett-Kabine 350 DM, für einen Personenwagen 840 DM, für Wohnanhänger je nach Länge 560 bis 650 DM, für einen Caravan 940 DM und für ein Motorrad 250 DM. Buchungen und Auskünfte bei Transcamionschiffahrtsagentur GmbH, Bodenseestraße 5, München 60. Die Verbindung ist derzeit unterbrochen.

Aqaba, der Seehafen Jordaniens am Roten Meer, gewinnt für den Tourismus mehr und mehr an Bedeutung. Seit 1985 gibt es eine tägliche Fährverbindung zwischen Aqaba und dem ägyptischen Nuweiba im Golf von Aqaba, mit Busanschluß nach Kairo (15 Dinar).

Mit Eisenbahn und Autobus

Die billigste Möglichkeit, die arabischen Länder zu bereisen, ist die Fahrt mit der Eisenbahn oder dem Autobus. Man fährt über Belgrad und Sofia nach Istanbul, von dort weiter nach Ankara und quer durch Anatolien entweder nach Aleppo in Syrien oder nach Mossul in den Irak.

Von Aleppo aus gibt es mehrmals täglich Bus- und Servicetaxi-Verbindungen mit Damaskus.

Die bestehenden Eisenbahnstrecken in Syrien sind modernisiert worden. Die Züge führen teilweise Erste-Klasse-Wagen, die Fahrpreise sind sehr niedrig. In Betrieb sind die Strecken von Aleppo über Raqqa, Deir ez-Zor und Hasseke nach Qamishly, von Aleppo nach Lattakia (Nebenstrecke nach At-Thawra), von Aleppo nach Damaskus, von Damaskus nach Deraa und die beiden Linien von Aleppo in die Türkei.

Damaskus–Amman–Bosra (Hedschasbahn): Die Strecken Amman–Ma'an–Aqaba sowie Homs–Damaskus sind für den Personenverkehr vorläufig gesperrt.

„Bosfor Turizm“, der türkische Partner von „Europabus“, verkehrt ganzjährig zwischen München und Istanbul (Buchung und Auskünfte bei allen Büros der „Deutschen Touring“). Ab Istanbul gibt es zahlreiche Autobus-Anschlüsse in den gesamten arabischen Raum. Die Reise dauert etwa vier bis fünf Tage.

Im Irak verkehren auch die Lokalzüge der *Iraqi Republican Railways*, so von Bagdad über Samarra nach Mossul (Fahrzeit 10 Stunden) und von Bagdad über Nassiriyeh (Ur) nach Basra (11 Std.). Fahrtunterbrechungen sind alle 160 km einmal für die Dauer von 24 Stunden gestattet. Zur Zeit verkehren auf den angegebenen Strecken nur ganz vereinzelt Züge.

Kamel-Karawanen-Reisen

In Jordanien kann man sich organisierten Karawanenreisen mit Kamelen in die Wüste (Desert Camel Caravans) anschließen. Diese „abenteuerlichen aber unvergeßlichen“ Touren dauern drei bis fünf Tage, führen durch straßenlose Fels- und Sandwüsten und werden von Offizieren des Desert Camel Corps geführt.

Autobusse und Servicetaxis

In allen drei Ländern gibt es regelmäßige Autobusverbindungen zwischen allen größeren Orten, bei ruhigen politischen Verhältnissen auch zwischen den Landeshauptstädten Beirut, Damaskus, Amman und Bagdad. Schnellautobusse verkehren mehrmals wöchentlich zwischen Aleppo, Damaskus und Amman, sowie von Amman nach Bagdad. Zwischen Syrien und Irak bestehen derzeit weder Flug- noch Bus- oder Servicetaxiverbindungen. Es ist ratsam, seinen Sitzplatz so früh wie möglich zu buchen, da die Busse das gebräuchlichste Personentransportmittel und die Fahrpreise gering sind.

Syrische Reiseflasche (13. Jh.; Nationalmuseum Damaskus)

In allen Städten Syriens, des Irak, des Libanon und in Amman (Jordanien) gibt es zahlreiche Autobusfirmen, die den Verkehr in den arabischen Ländern aufrecht halten. Auskünfte erhält man bei den lokalen Touristenbüros oder bei den Hotelrezeptionen.

Bequemer sind die *Servicetaxis,* die praktisch auf allen Straßen (auch über die Landesgrenzen hinweg) verkehren. Man erkundige sich an Ort und Stelle nach ihren „Standplätzen“. Den (geringen) Fahrpreis teilt man mit den drei oder vier mitfahrenden Fahrgästen. Fahrgäste mit sehr großem Gepäck (mehr als zwei Koffer) werden oft abgewiesen. Es ist aber möglich, sein Gepäck mit dem Linienautobus voraus- oder nachsenden zu lassen. In der Regel funktioniert der Gepäckversand sehr verläßlich.

Mit dem Auto

In den letzten Jahren sind fast alle wichtigen Straßen der arabischen Länder verbessert und mit festem Belag versehen worden, so daß auch die Fahrt auf größeren Strecken keine besondere Anstrengung mehr bedeutet. Der Treibstoff ist billig. Hupsignale sind auf allen Straßen notwendig. Vor allem in Großstädten herrscht dichter Verkehr.

Einige Gebiete sind militärisches Sperrgebiet und sind vor allem für Europäer nicht zugänglich. Für einige Straßen sind Sondergenehmigungen erforderlich.

Entfernungen:

München – Wien	440 km
Wien – Budapest	213 km
Budapest – Belgrad	402 km
Belgrad – Sofia	411 km
Sofia – Istanbul	578 km
Istanbul – Konya	660 km
Konya – Adana	349 km
Adana – Aleppo	271 km
Aleppo – Damaskus	360 km
Damaskus – Amman	224 km
Amman – H3 – Rutba	345 km
Rutba – Bagdad	410 km
Bagdad – Mossul	400 km
Bagdad – Basra	552 km
Basra – Kuwait	165 km
Bagdad – Rutba	410 km
Rutba – H3 – Damaskus	435 km
Mossul – Aleppo	672 km

Stadtverkehr

Die Taxis in den Städten sind überall billig, sie besitzen in Damaskus, Aleppo Amman und Bagdad einen Taxameter. Es ist aber auch üblich, den Fahrpreis vor Fahrtantritt, bzw. schon beim Nennen des Fahrtziels auszuhandeln. Es ist ratsam, sich in Touristenbüros oder beim Hotelpersonal nach den üblichen Fahrpreisen im Stadtverkehr zu erkundigen. Die Taxifahrer in Aleppo, Damaskus, Amman, Bagdad und anderen großen Städten sind meist sehr hilfsbereit.

Rasthäuser

Autofahrern stehen in allen arabischen Ländern staatlich geleitete Rasthäuser (resthouses) zur Verfügung, die hauptsächlich an jenen Fernverkehrsstraßen liegen, die durch Wüste oder auf weite Strecken unbewohnten Landes führen. Es ist ratsam, sich vor Fahrtantritt in Aleppo, Damaskus, Bagdad usw. bei den Touristenämtern nach Übernachtungsmöglichkeiten zu erkundigen.

Praktische Hinweise

Autofahrer

benötigen den internationalen Führerschein und Zulassungsschein sowie ein Triptyk oder Carnet de Passages. Da die Internationale Haftpflichtversicherung in den arabischen Ländern keine Gültigkeit hat, ist eine betreffende Versicherung an den Grenzen abzuschließen. Außerdem ist es ratsam, seinen Wagen schon vor Reiseantritt Vollkasko versichern zu lassen. Jordanien verbietet die Einreise mit Diesel-Personenautos.

Bedienungs- und Trinkgelder

In Hotels und Restaurants liegt der Bedienungszuschlag zwischen 10 und 15%. Daneben erwartet das Personal noch ein zusätzliches Trinkgeld für aufmerksame Bedienung. Trinkgelder erwarten auch Gepäckträger, Parkwächter, Autobusfahrer, die beim Reisegepäck behilflich sind, Friseure, Museumsdiener, Taxifahrer im Stadtverkehr.

Camping

In *Syrien* darf nur am Rand größerer Städte und in bekannten Sommerfrischen kampiert werden. Zwei bekannte „Camping Zones“ sind an der Straße Aleppo-Damaskus (3 km vor Damaskus) und Damaskus–Amman (10 km nach Damaskus).

In *Jordanien* sollte man sich bei der Jordan Tourism Authority über die jeweils zugänglichen Campingplätze informieren. Beliebt sind jene im Wadi Rum, bei Aqaba, bei Petra und im Wadi von Ajlun.

Im *Irak* gibt es ein Tourist Camp mit Trinkwasser und Kochgelegenheit am Beginn des Army-Canal (Bagdad). Ähnliche Campingplätze gibt es in Mossul, Basra und Ktesiphon.

Devisenvorschriften

Ausländische Reisezahlungsmittel können unbeschränkt eingeführt werden, müssen aber an den Grenzen deklariert werden. Ihre Ausfuhr ist bis zur Höhe des eingeführten Betrages gestattet. In Syrien dürfen zwar 200 Pfund eingeführt, aber kein syrisches Geld ausgeführt werden (Kontrollen an den Grenzen). Es empfiehlt sich, Belege über Devisen-Ausgaben sowie Wechselquittungen aufzuheben, da bei der Ausreise kontrolliert wird. Der Irak erlaubt die Einfuhr von 25 und die Ausfuhr von 5 irakischen Dinar. Bankbestätigungen des erfolgten Geldwechsels sind bis zum Verlassen des Landes zwecks etwaiger Kontrolle aufzubewahren. Die Mitnahme von israelischen Zahlungsmitteln ist in allen arabischen Staaten verboten.

In Syrien sind Hotelrechnungen sowie in Syrien gebuchte Auslandsflüge in US-Dollar zu bezahlen. Es empfiehlt sich, nie mit Euroschecks oder Kreditkarten zu bezahlen, da diese zu einem erheblich schlechteren Kurs umgerechnet werden als Reiseschecks.

Diplomatische Vertretungen

Deutsche Vertretungen:

Jordanien: Botschaft: Amman, Jebel Amman, Bengasi Street 31 (Tel. 689351).

Syrien: Damaskus, 53, rue Ibrahim Hanano (Tel. 716670).

Irak: Botschaft (derzeit nicht besetzt): Bagdad, 40, Mahala 929, Zuqaq 2, Hay Babil (Tel. 7192037).

Schweizer Vertretungen:

Jordanien: Botschaft: Amman, Jebel Amman, Embassies Street (Tel. 686416).

Syrien: Damaskus, 26, me el Mehdi ben Baraka, imm. Chora (Tel. 715474).

Irak: Bagdad, Masbah House No 41/5/929 (Tel. 7193092).

Österreichische Vertretungen:

Jordanien: Botschaft: Amman, Jebel Amman, Hotel „Jordan Intercontinental“, Suite 538; P.O.Box 815368 (Tel. 644635).

Syrien: Damaskus, Rawda, Rue Chafik Mouayad, Imm. Sabri Malki (Tel. 337528).

Irak: Bagdad, 929/2/5 Hay Babil (Tel. 7199033).

Jordanische Vertretungen:

Botschaft: 5300 Bonn-Bad Godesberg, Beethovenallee 21. Konsulate in Berlin 20, Pichelswerderstraße 3–5; Düsseldorf, Poststraße 7; Hannover, Andreaestraße 1; Stuttgart-Korntal, Steinbeißstraße 1, München 40, Barer Straße 37.

Konsulat: Wien I, Rotenturmstraße 25 (Tel. 62 02 33).

Botschaft: Bern, Belpstraße 11 (Tel. 25 41 46).

Konsulat: Genf, Rue de Lausanne 47 (Tel. 31 71 35).

Irakische Vertretungen:

Botschaft: Bonn 2, Dürenstraße 33 (Tel. 8 20 33-254).

Botschaft: Wien I, Johannesgasse 26. (Tel. 7 13 81 95-0).

Botschaft: Bern, Elfenstraße 6 (Tel. 4340; derzeit nicht besetzt).

Syrische Vertretungen:

Botschaften: 5300 Bonn-Bad Godesberg, Andreas-Hermes-Straße 5 (Tel. 819920). Generalkonsulat, Genf, Rue de Lausanne 72, P.O. Box 1202 (Tel. 325658).

Feiertage

Die islamische Zeitrechnung beginnt 622 n. Chr. mit dem Auszug des Propheten aus Mekka (Hidschra). Man rechnet die Monate nicht nach dem bei uns gebräuchlichen Gregorianischen Kalender sondern nach dem Mondjahr, daher fällt der Neujahrstag („Hedschratag", El-Hijira-Tag) iedes Jahr auf den ersten Neumond. Bewegliche religiöse Feiertage sind ferner die ersten drei Tage nach dem großen Fastenmonat „Ramadan", Id-el-Fitr, das Opferfest Id-el-Adha (4 Tage; Beginn am 10. Tag des „el-Hidschr", des Pilgermonats nach Mekka), der Tag der Ermordung Imam Husseins (Enkel des Propheten Mohammed), der Geburtstag des Propheten, der „Tag der Arabischen Renaissance" u. a. Der offizielle Wochenfeiertag ist der Freitag (nur christliche Araber feiern den Sonntag).

Außerdem sind offizielle Feiertage:

a) in Jordanien: 15. Januar, 22. März (Tag der Arabischen Liga), 1. Mai, 25. Mai (Unabhängigkeitstag), 11. August (König Husseins Thronbesteigung), 14. November (Husseins Geburtstag).

b) in Syrien: 1. Januar, 22. Februar (Tag der Einheit), 8. März (Tag der Revolution), 22. März (Tag der Arabischen Liga), 17. April; außerdem der Ostermontag und der 1. Weihnachtstag.

c) im Irak: 1. Januar, 6. Januar (Tag der Armee), 8. Februar (14. Ramadan-Revolutionstag), 21. März (Frühlingsanfang), 1. Mai, 14. Juli (Tag der Republik), 17. Juli (Tag der „Friedlichen Revolution").

Fotografieren

In der Nähe militärischer Zonen, vor Flüchtlingslagern der Palästinenser, vor Brücken, Wasserreservoirs, Kraftwerken usw. ist das Fotografieren verboten.

Im islamischen Orient wollen vor allem Frauen und die nichtstädtische Bevölkerung nicht fotografiert werden. Das Einverständnis zum Knipsen ist oft nicht leicht zu erlangen. Am besten man äußert die ernstgemeinte Absicht, einen Abzug des Bildes zu schicken. Noch besser führt man zusätzlich eine Sofortbildkamera mit, um Fotos sofort als Geschenk überreichen zu können.

Geld

Währungseinheit in *Syrien* ist das Syrische Pfund (syr.£), das in 100 Piaster unterteilt wird. Es gibt Münzen zu 5, 10, 25 und 50 Piaster. In *Jordanien* ist es der Jordanische Dinar (JD), der in 1000 Fils oder in 100 Piaster unterteilt wird. Es gibt Münzen zu 1, 5, 10, 25, 50, 100 und 250 Fils. Im *Irak* ist die Währungseinheit der Irakische Dinar (IRD), den man in 1000 Fils unterteilt. Es gibt Münzen zu 1, 5, 10,25, 50 und 100 Fils.

Die Wechselkurse sind großen Schwankungen unterworfen; es empfiehlt sich, vor Reiseantritt aktuelle Informationen einzuholen.

Derzeit entsprechen einer Mark etwa 26,80 syr. £ und 0,45 JD, 1 syr. £ entspricht etwa 0,04 DM und 1 JD 2,20 DM. IRD werden derzeit nicht gehandelt.

Impfbestimmungen

Cholera- und Gelbfieberimpfung ist zwingend vorgeschrieben, wenn man aus Infektionsgebieten kommt. Im Irak und in Syrien ist Malariaschutz von Mai bis November für Gebiete unter 1500 m Höhe sowie eine Auffrischung der Polioschutzimpfung empfohlen.

Informationen

Über alle mit einer Reise in die arabischen Länder zusammenhängenden Fragen erteilen in der Bundesrepublik Deutschland die diplomatischen Vertretungen sowie die Büros der jeweiligen nationalen Fluggesellschaften (Royal Jordanian Airlines, Tel. 069/23 18 53-55, Iraqi Airlines, Tel. 069/23 52 57, Syrian Arab Airlines, Tel. 069/25 10 07); in Österreich der Tourismus-Attaché der Botschaft in Wien; in der Schweiz der Vertreter der Royal Jordanian in Genf, Rue de Lausanne 42. Fremdenverkehrsämter werden nicht unterhalten.

Offizielle Touristeninformationsbüros:

In Jordanien: Jordan Tourism Authority, Amman, P.O. Box 224; außerdem Informationsbüros am Flughafen und im Intercontinental Hotel.

In Syrien: National Tourist Information Office, Damaskus: 29 Rue Ayar; Aleppo: Rue du Baron; Lattakia: Rue Sheikh Daher; Homs: Rue Abu al-Auf; außerdem am Flughafen von Damaskus.

Im Irak: Tourist Information Centre, Haifa Street (beim Saddam Art Center), Bagdad; außerdem Tourism and Resorts Administration; Saadoun Street, Bagdad, sowie ein Informationsbüro am Flughafen von Bagdad.

Jugendherbergen

In Syrien gibt es Jugendherbergen in Damaskus, Zebadani, Idlib, Homs und Bosra. Außerdem bieten die Gästehäuser der Universitäten von Damaskus und Aleppo in den Sommerferien gegen Voranmeldung preiswerte Unterkunft. In Jordanien gibt es ein YMCA-Heim in Amman, im Irak zwei in Bagdad.

Mietwagen

Verleihfirmen gibt es in allen großen Städten Jordaniens, Syriens und des Irak. Die Preise entsprechen dem internationalen Standard; eine Überprüfung des gemieteten Wagens ist ratsam.

Netzspannung

In Jordanien und im Irak überall 220 Volt Wechselstrom, in Syrien teils 110, teils 220 Volt. Steckdosen-Adapter sollten mitgebracht werden.

Öffnungszeiten

Die Banken haben gewöhnlich von Samstag bis Donnerstag von 8 bis 12.30 Uhr geöffnet. In einigen großen Städten sind sie sonntags geschlossen. Die Läden öffnen in der Regel von 8 bis 18 oder 19 Uhr und halten mittags etwa zwei Stunden geschlossen. Am Freitag sind die Läden geschlossen, Läden von Christen auch sonntags. In den Suks (Basaren) halten die Geschäfte – ausgenommen freitags – meist bis Einbruch der Dunkelheit offen.

Museen sind dienstags geschlossen. Da die angegebenen Öffnungszeiten oft nicht eingehalten werden, empfiehlt es sich, für den Museumsbesuch den Vormittag zu wählen.

Paß und Visum

Für alle drei Länder sind Visa vor Reiseantritt erforderlich. Der Reisepaß darf kein israelisches Visum oder Einreisestempel enthalten. Die Visagebühren betragen für Jordanien 15 (Touristen) und 25 DM (Geschäftsleute), für Syrien 35 DM und für den Irak 16,50 DM. In Syrien und Jordanien muß man sich spätestens 14 Tage, im Irak einen Monat nach der Einreise polizeilich melden. Eine Aufenthaltsgenehmigung für weitere 14 Tage wird meist problemlos erteilt. Im Irak muß man sich für Aufenthalte über fünf Tagen einem Aidstest unterziehen (50–100 IRD Gebühr). Ein in Europa durchgeführter Test ist vom Regierungspräsidenten, dem Bundesverwaltungsamt in Köln sowie der irakischen Botschaft zu beglaubigen. Für den Irak werden derzeit keine Touristenvisa erteilt.

Sprachen

In Jordanien verstehen die meisten Einheimischen Englisch. In Syrien wird – meist nur in Touristenzentren – als erste Fremdsprache Englisch, als zweite Französisch gesprochen. Im Irak sind Kenntnisse europäischer Sprachen seltener.

Uhrzeit

Jordanien und Syrien MEZ + 1, der Irak MEZ + 2 Stunden.

Unterkunft und Verpflegung

Das Niveau der Hotels in den drei Ländern ist sehr unterschiedlich. Die Hotels der Luxuskategorie und die der oberen Kategorie haben ein Preisniveau, das mitteleuropäischen Verhältnissen entspricht, man muß also mit 150 Mark je Übernachtung rechnen, im Irak oft mit weit mehr.

In kleinen Hotels und Rasthäusern ohne „gehobenen" Komfort kostet die Übernachtung mit Frühstück etwa 25 bis 40 Mark (im Irak selten). Billiger sind Hotels, die von den Tourismusbehörden nicht qualifiziert sind, weil z.B. keine Fremdsprache gesprochen wird oder die hygienischen Verhältnisse nicht den staatlichen Anforderungen entsprechen.

In zahlreichen guten Restaurants und in den meisten erstklassigen Hotelrestaurants gibt es neben den arabischen auch europäische Speisen.

Zoll

Persönliche Gebrauchsgegenstände können frei eingeführt werden. Foto- und Filmkamera, Reiseschreibmaschine, Transistorradio, Fernglas, Campingausrüstung, kosmetische Artikel und ähnliches sind zollfrei, müssen aber oft an der Grenze deklariert werden. An alkoholischen Getränken darf nur eine geöffnete Flasche bis zu einem Liter mitgeführt werden, außerdem 200 Zigaretten, oder 25 Zigarren oder 200 g Tabak.

Amman

Amman (1,2 Mill. Einw.; 837 m), die geschäftige, sich ständig ausdehnende Hauptstadt Jordaniens und Residenzstadt des Königs, ist auf den Grundmauern der antiken Stadt Philadelphia erbaut. Sie erstreckt sich über sieben Hügel (Dschebel el-Hussein, Dschebel el-Hashimiya, Dschebel el-Luweibida, Dschebel Amman, Dschebel el-Qalat, Dschebel Webdeh und Dschebel el-Ashrafiya) und ist malerisch mit Terrassen weißer Kalksteinhäuser umkränzt.

Wegen ihrer günstigen Verkehrslage, guten Hotels aller Preisklassen und touristischen Einrichtungen (u. a. gibt es hier zahlreiche Bibliotheken, ein Goethe-Institut, Schwimmbäder, Tennisplätze, Reitpferde, Nachtklubs, mehr als 30 Reisebüros usw.) eignet sich Amman gut als Standquartier für Ausflugsfahrten.

GESCHICHTE

Funde von Feuersteingeräten lassen darauf schließen, daß das Tal des Wadi Amman schon in der Altsteinzeit besiedelt war. In der Bibel trägt die Stadt den Namen Rabbat Ammon, sie ist die Hauptstadt der Ammoniter, als deren Stammvater Abrahams Neffe Lot genannt wird. Israels erster König Saul besiegte im zehnten vorchristlichen Jahrhundert den Ammoniter Nahasch, und König David schickte seinen Feldherrn Joab aus, der die Ammoniterstadt belagerte und zerstörte – die überlebenden Einwohner wurden in die Steinbrüche geschickt. Später sagten die Propheten Jeremia, Ezechiel und Amos Unheil für die Stadt voraus.

Das Land der Ammoniter wurde im achten Jahrhundert den Assyrern untertan, und der Babylonierkönig Nebukadnezar II. setzte dem Königreich ein Ende. Unter den Persern hatte Ammon keine Bedeutung. Nach dem Zerfall des Weltreichs von Alexander dem Großen (323 v. Chr.) hielt Ptolemäus II. Philadelphus von Ägypten siegreich Einzug in die Stadt. Er ließ sie wieder aufbauen und gab ihr den Namen Philadelphia.

Die Seleukiden waren die nächsten Eroberer der Stadt. Zu Beginn des 1. Jahr-

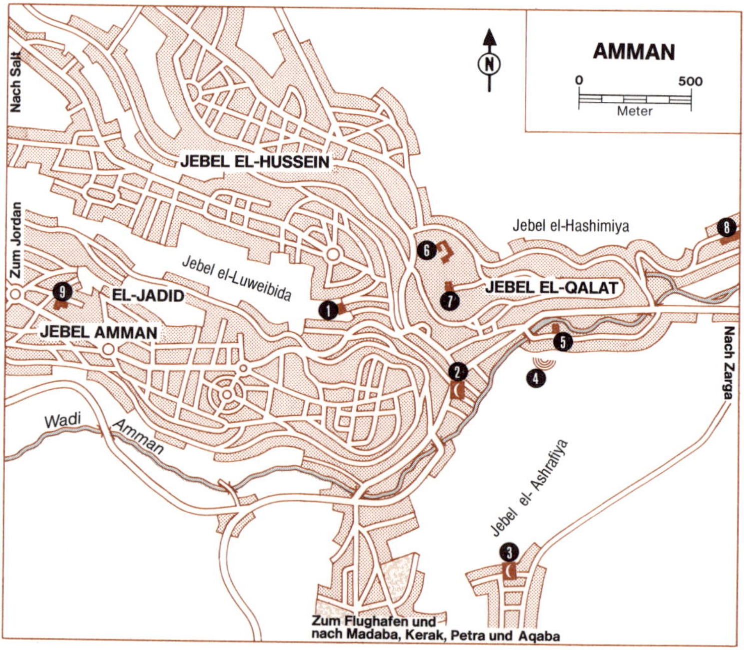

hunderts v. Chr. wurde sie von den arabischen Nabatäern eingenommen. 63 v. Chr. trat sie dem Dekapolis genannten Bund freier Städte bei.

Im Jahre 31 v. Chr. hielten die Römer Einzug in Amman. Unter Herodes wurde die Zitadelle mit einer Mauer umgeben und ein Herkulestempel erbaut.

Während der byzantinischen Herrschaft war die Stadt der Bischofssitz für Petra und Philadelphia. Von den Arabern im Jahre 637 erobert, erlebte sie unter den in Damaskus regierenden Omaijaden eine kurze Blütezeit. Als unter den Abbasiden das Kalifat nach Bagdad verlegt wurde, begann Amman zu verfallen und wurde zum unbedeutenden Dorf.

1878 siedelte die türkische Regierung hier aus Rußland vertriebene Tscherkessen an, deren Nachkommen heute einen großen Teil der Bevölkerung ausmachen.

Nach dem Zusammenbruch des Osmanischen Reiches wurde Amman 1922 zur nationalen Hauptstadt des Emirates Transjordanien erklärt. Seit 1949 ist es die Hauptstadt des durch die Angliederung Ostpalästinas entstandenen „Haschemitischen Königreiches Jordanien".

SEHENSWÜRDIGKEITEN

Die Stadtbesichtigung beginnt man gewöhnlich in dem am Osthang des Dschebel el-Luweibida liegenden

Geschäftsviertel [1], das sich zu beiden Seiten der Hauptstraße erstreckt. Hier werden Waren aus allen arabischen Ländern feilgeboten. In den exotischen Basaren kann man noch Wüsten-Beduinen in ihren malerischen Umhängen sehen, die hier ihre Einkäufe tätigen. Man kauft hier preiswert Waren aus Steingut, verschiedene kunsthandwerkliche Gegenstände (s. S. 12) und die als Mitbringsel beliebten „Keffiyehs" (die karierten arabischen Kopftücher mit den schwarzen „Agal"-Kordeln).

Am Ende der *King Faisal Street* erhebt sich die große

Hussein-Moschee [2]. Sie wurde 1924 auf den Resten der im 10. Jahrhundert von den Abbasiden errichteten früheren Hauptmoschee der Stadt erbaut und besitzt zwei hohe runde Minarette. Hinter ihr sind die Reste eines römischen *Nymphäums,* eines Brunnenhauses.

Die *Abu-Dawish-Moschee* [3], die zweite Hauptmoschee von Amman, liegt am Dschebel el-Aschrafiya, der höchsten Erhebung der Stadt.

Römisches Theater

Die wichtigste Sehenswürdigkeit von Amman ist das

***Römische Theater** [4]. Es wurde im 2. Jahrhundert n. Chr. zu Füßen des Dschebel el-Aschrafiya erbaut. Seine drei Ränge mit den Sitzreihen sind terrassenförmig in die halbkreisförmige Ausbuchtung eines Hügels gebaut und bieten 6000 Personen Platz.

Vor wenigen Jahren wurde der Bau restauriert, er ist heute im Sommer Schauplatz zahlreicher Freilichtveranstaltungen. Das Theater hat eine hervorragende Akustik. Rechts und links der Orchestra befinden sich das **Folkloremuseums* und das *Jordanische Museum.* Nicht weit von hier entfernt liegt an der El-Hashimi Street das römische *Odeum* [5] aus dem 2. Jahrhundert. Hier werden im Sommerhalbjahr Konzerte und Theateraufführungen veranstaltet.

Auf dem gegenüberliegenden Burghügel (Dschebel el-Qalat) erhebt sich die

***Zitadelle** *(Qalat)* [6] mit alten Mauern und einem gut erhaltenen byzantinischen Tor. Außerhalb der Mauern kann man noch die in den Felsen gehauene Zisterne sehen die bei Belagerungen die Garnison mit Wasser versorgte.

Sehenswert sind hier auch die Ruinen des im 6. und 7. Jahrhundert erbauten und „El Qasr" genannten arabischen Forts mit interessanten Arabesken-Steinreliefs aus der gleichen Zeit. Ursprünglich dürfte der Bau als Palast der Ghassaniden gedient haben, die im Auftrag des byzantinischen Kaisers Justinian (527–565) dieses Gebiet verwalteten. Die vier großen Arkaden stützten einst eine hohe Kuppel.

Zudem befinden sich am Burghügel die Reste des römischen *Herkulestempels,* den Herodes im 1. Jahrhundert n. Chr. erbauen ließ, und der hundert Jahre später erneuert wurde. Der Tempel soll ein fast 10 m hohes Standbild des Herkules beherbergt haben.

Sehr schön ist der Blick, den man von hier aus auf die Stadt und das römische Theater genießt.

Keinesfalls versäumen sollte man die Besichtigung des kleinen, aber an archäologischen Schätzen reichen

***Nationalmuseums** *(Archaeological Museum)* [7]. Besonders beachtenswert sind zwei in Jericho gefundene menschliche Schädel aus der Jüngeren Steinzeit (etwa 7500–4000 v.Chr.), die mit Gips zu Plastiken gestaltet wurden, ein Schädel aus derselben Zeit, an dem offensichtlich eine Kopfoperation (die früheste uns bekannte) vorgenommen wurde, zwei kleine Krüge aus der Zeit um 2000 v. Chr., die Statue eines Ammoniter-Königs (um 1000 v. Chr.), einige der bei Qumran am Toten Meer gefundenen berühmten Schriftrollen, eine Statue der nabatäischen Fruchtbarkeitsgöttin Atargatis (2. Jh. n. Chr.), die aus der Eisenzeit (um 800 v.Chr.) stammenden, aus Ton gefertigten berittenen Krieger und die Tonfigur eines berittenen Edelmannes aus dem 1. Jahrhundert nach Christus.

Der Teil der marmornen Hand mit drei Fingern, den man vor dem Museumseingang sieht, dürfte zu der römischen Herkulesstatue in dem Tempel am Burghügel (s. S. 23) gehört haben.

Der Zitadelle gegenüber erhebt sich auf einem Hügel der

Basman-Palast [8], die sogenannte „Arbeitsresidenz“ des Königs. Der Palast ist ebenso wie die übrigen Residenzen des Königs nicht zugänglich. In malerische schwarz-rote Uniformen gekleidete Tscherkessen (Circassian Guards) bewachen als Leibwache des Königs die Palasttore. (Das Fotografieren ist hier nicht gestattet, und man sollte es vermeiden, vor dem Palasteingang stehenzubleiben.) Hier liegen auch der Gästepalast und die Residenz der königlichen Familie.

Westlich des Geschäftsviertels erhebt sich der *Dschebel Amman,* das „elegante“ Viertel von Amman. Hier befinden sich die meisten Ministerien und Regierungsgebäude, die ausländischen Botschaften und Konsulate, der Automobilclub (Royal Automobile Club), die Redaktionen der großen Zeitungen, Bars, Nachtklubs und Hotels. Neben dem *Parlament* [9] steht das *Mausoleum* des ersten jordanischen Königs Abdullah, der 1951 in Jerusalem ermordet wurde.

Von Architekten und Bauplanern aus aller Welt viel bewundert werden die modernen Bauten der *Al Hussein Sports City,* der „Sport-Stadt“ von Amman mit einem Stadion und einem würfelförmigen Denkmal des Unbekannten Soldaten samt Militärmuseum.

PRAKTISCHE HINWEISE

Ministry of Tourism (Tel. 4 23 11), außerdem Informationsbüros am Flughafen und in den großen Hotels.

Aqaba, Kairo, Beirut, Bagdad, Kuwait; Frankfurt/M., Kopenhagen, London u. a.

Ma'an, Damaskus.

Madaba, Kerak, Ma'an, Aqaba, Dscherasch, Ramtha, Irbid, Damaskus, Beirut u. a. „Service-Taxis“ nach Petra, Aqaba, Beirut, Damaskus und anderen Orten.

„Amman Jordan Intercontinental“; „Amman Marriott“; „Amra Forum“; „Philadelphia“; „Regency Palace“.

„Alia Gateway“; „Ambassador“; „Amman International“; „Amman“; „Commodore“; „Gondola Apartotel“; „Grand Palace“; „Hala Inn“; „Jerusalem International“; „Melia“; „Middle East“; „San Rock“; „Tyche“, „Um Uthina“.

„Amman Grand“; „Al-Cazar“; „Al Ghusein“; „Al Manar“; „Al Qasr“; „Cameo“; „Canary“; „Caravan“; „City“; „Firas Wing“; „Granada“; „Merry Land“; „Nefartiti“; „New Park“; „Omar al-Khayyam“; „Ramallah“; „Select“; „Shepherd“.

AUSFLÜGE

Halbtagesausflüge lohnen sich nach Dscherasch, 60 km (s. S. 50), Madaba und Berg Nebo, 50 km (s. S. 51), Ajlun, 80 km (s. S. 50). Ein lohnender Tagesausflug führt nach Kerak, 130 km (s. S. 51); eine ganztägige Rundfahrt von 246 km kann man zu den arabischen Wüstenschlössern unternehmen (siehe Route 3). Mindestens 2 bis 3 Tage benötigt man für die Ausflugsfahrt nach Wadi Rum, Petra und Aqaba (siehe Route 2). Fast alle Reisebüros in Amman führen Touren zu den genannten Zielen durch.

***Damaskus

Damaskus (4 Mill. Einw., 690 m), die Hauptstadt Syriens (arabisch Dimaschk, auch Asch-Scham), liegt am Barada-Fluß zu Füßen des Berges Qassiun (1220 m), zwischen dem Antilibanon-Gebirge und der Syrischen Wüste, inmitten der fruchtbaren Oasenlandschaft „Al Ghuta“ mit großen Oliven- und Obsthainen. Zur Zeit der Baumblüte (Ende März) bietet die Umgebung der Stadt einen besonders reizvollen Anblick. In alter Zeit galt sie als „Paradies auf Erden“; deshalb weigerte sich der Legende nach Mohammed, nach Damaskus zu kommen: er wollte das Paradies nur einmal betreten.

In der Legende wird Damaskus als älteste Stadt der Welt bezeichnet. Tatsächlich gehört sie zu den ältesten fortlaufend besiedelten Orten der Erde. Heute macht Damaskus mit seinen Hochhäusern, den weißen Regierungspalästen, den eleganten Villenvierteln, den neuen Stadtteilen mit den modernen Wohnblocks und dem regen Großstadtverkehr einen durchaus modernen, fortschrittlichen Eindruck. Das moderne Damaskus umschließt einen malerischen Stadtkern, die Altstadt mit ihren engen, winkligen Gassen, orientalischen Häusern, alten Bädern aus osmanischer Zeit, den überdachten Suks, in denen man alle einheimischen Waren und Erzeugnisse finden kann. In den weitläufigen Khans, den Karawansereien, hat sich das orientalische Leben und Treiben bis zum heutigen Tag bewahrt. Hier ist auch noch das traditionelle Kunsthandwerk der Stadt zu finden: In alten Werkstätten werden die berühmten Damaszenerklingen, die Seidenbrokate, Gold- und Silberschmuck, Lederarbeiten, Holzintarsien gefertigt. Man kann den Handwerkern bei ihrer Arbeit zusehen und lange Zeit mit ihnen um den Preis eines jeden Stückes feilschen. Daneben bietet die Stadt mit ihrem weltberühmten Nationalmuseum, ihren prächtigen Moscheen und anderen Kunstdenkmälern dem Besucher viele bedeutende Sehenswürdigkeiten.

GESCHICHTE

Die Ursprünge der Stadt sind in Dunkel gehüllt. Im 2. Jahrtausend v. Chr. wird sie in ägyptischen und assyrischen Inschriften und in der Genesis (14,15) erwähnt. Um 1450 v. Chr. eroberte sie Thutmosis III. von Ägypten. Später war sie die Hauptstadt eines aramäischen Königreiches, das vom jüdischen König David unterworfen wurde, sich aber in der Regierungszeit Salomos (963–925 v. Chr.) wieder selbständig machen konnte.

Mit dem Einzug der Römer unter Pompejus begann eine neue Glanzzeit. In der Geschichte des frühen Christentums spielte sie als Ort der „Bekehrung des Saulus zum Paulus“ (Apostelgeschichte 9, 1 ff.) eine bedeutende Rolle. An der Stelle des römischen Jupitertempels ließ Kaiser Theodosius im Jahre 379 zu Ehren Johannes’ des Täufers eine Kirche erbauen, aus der später die berühmte Omaijadenmoschee wurde. Das Haupt Johannes’ des Täufers, das auch von den Muslimen verehrt wird, ist heute noch in der Moschee bestattet.

Im Jahre 614 plünderten die persischen Sassaniden die Stadt. 635 fiel sie in die Hände der Araber. Unter der Dynastie der Omaijaden (661–750) erlebte Damaskus seine größte Blüte. Nach der Zerstörung des Omaijadenreiches durch die Abbasiden wurde Damaskus gebrandschatzt und die Hauptstadt nach Bagdad verlegt.

Erst im 12. Jahrhundert begann die Stadt wieder eine politische Rolle zu spielen. Unter Sultan Saladin, der die Kreuzfahrer aus dem Land vertrieb, sowie unter dessen Nachfolgern begann Damaskus wieder aufzublühen.

Unter Dschingis Khan (1260) und Timur Lenk (1400) erlitt die Stadt großen Schaden. Zahlreiche Moscheen und Paläste wurden unter den Mongolen niedergebrannt, Künstler, Kunsthandwerker und Wissenschaftler von ihnen nach Samarkand entführt.

1516 eroberten die Osmanen die Stadt, die 400 Jahre lang in ihrem Besitz blieb. Unter dem türkischen Gouverneur Asad Pascha el-Azem erhielt Damaskus neue Paläste, neue Straßen wurden gebaut, die Stadt verschönert. Kurze Zeit stand Damaskus auch unter ägyptischer Verwaltung (1832–1840).

Mit dem Ende der Türkenherrschaft nach dem Ersten Weltkrieg wurde Damaskus Sitz der französischen Mandatsregierung. Nach dem arabischen Volksaufstand gegen die Besatzungsmacht (1925–1927) wurde Damaskus von den Franzosen beschossen und bombardiert. Zahlreiche Stadtviertel brannten dabei nieder. Nach dem Ende des Zweiten Weltkriegs begann für Damaskus eine neue Blütezeit als Hauptstadt eines unabhängigen Syrien.

SEHENSWÜRDIGKEITEN

Ausgangspunkt eines Rundganges durch die Altstadt von Damaskus ist der

El-Schuhada-Platz [1] mit einer Bronzesäule zur Erinnerung an die Eröffnung der Telegrafenlinie nach Mekka und Medina. Der Platz wird von zahlreichen Hotels gesäumt. Viele Restaurants und Nachtklubs liegen in der unmittelbaren Umgebung des Platzes.

Nach wenigen Schritten erreicht man die Sa'ad Zagloul Street mit der

Zitadelle *(El-Qalaat)* [2]. Der 150 mal 220 m große Bau (nicht zugänglich) wurde von Sultan Adel, einem Bruder Saladins, im Jahre 1206 auf römischen Grundmauern errichtet und später mehrmals umgestaltet.

Wenn man vor der Zitadellenmauer nach rechts abbiegt, öffnet sich nach gut 100 m links der

Suk el-Hamidieh [3]. Die gedeckte Marktstraße ist 600 m lang und gilt als älteste Hauptgeschäftsstraße von Damaskus. Sie ist vom frühen Morgen bis zum Sonnenuntergang von Fußgängern bevölkert. Es gibt hier zahlreiche Gaststätten, Erfrischungscafés, Teppich- und Textilgeschäfte, Antiquitätenhändler und Dutzende von Läden für die feinen kunsthandwerklichen Erzeugnisse, die für Damaskus charakteristisch sind.

Die Straße endet am

Westlichen Temenostor [4], das einst einer der Zugänge zum Jupitertempel war, den die Römer auf den Resten eines aramäischen Tempels errichteten. Hinter dem Bogen ist der für Gläubige vorbehaltene Eingang zur

*****Omaijadenmoschee** *(Dschamia el-Umawi)* [5]. Der Besuchereingang ist 20 m weiter links. Das bedeutendste Baudenkmal der Stadt steht an der Stelle eines aramäischen Hadad-Tempels, über dem später ein römischer Tempel zu Ehren des Jupiter Damascenus erbaut wurde, der wiederum von einer christlichen Basilika verdrängt wurde. Im Jahre 705 befahl der Omaijadenkalif Walid ben Abd el-Malek (Al-Walid I.) den Bau einer Moschee, die an Pracht alles bis dahin Bekannte übertreffen sollte. Sie wurde von arabischen, römischen, griechischen und byzantinischen Künstlern gestaltet. Feuersbrünste

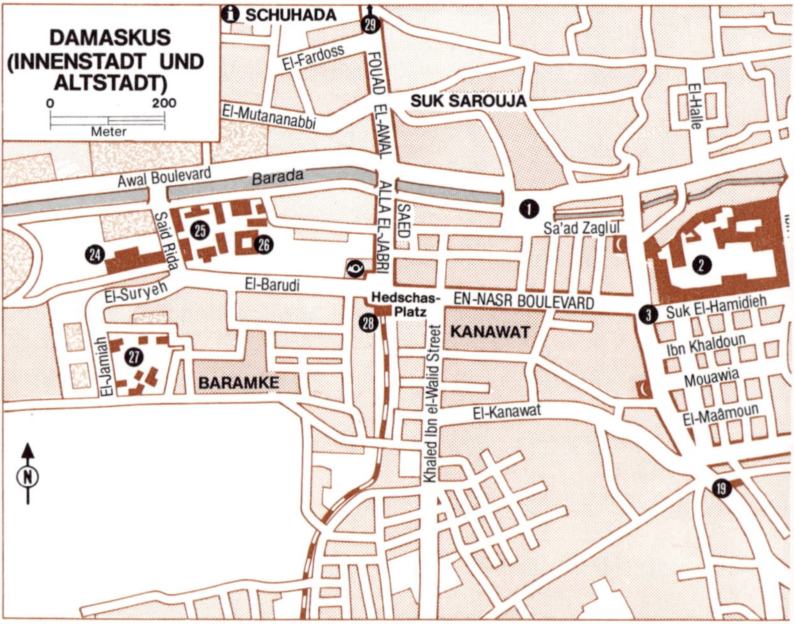

in den Jahren 1068, 1174, 1247, 1401, 1479 und 1893 zerstörten viel von der alten Pracht. Die Moschee wurde immer wieder im ursprünglichen Stil instand gesetzt, so daß sie heute noch ein wichtiges Beispiel einer früharabischen Pfeilerhallen-Moschee bildet.

Durch eine mit Mosaiken aus der Omaijadenzeit und Fayencen aus dem 17. Jahrhundert geschmückte Vorhalle gelangt man in den weiten, von drei Minaretten überragten Innenhof mit einem Brunnen für die religiösen Waschungen und dem auf acht Säulen ruhenden, mit einer Kuppel bekrönten „Schatzhaus" im byzantinischen Stil. Früher wurde der Staatsschatz hier aufbewahrt. An der linken Längsseite (Norden) sieht man das *Arous-Minarett* („Brautminarett"), das älteste der Moschee (11. Jh.). Rechts vorne erhebt sich das südwestliche *Minarett* (15. Jh.) und rechts hinten (im Südosten) das *Isa-Minarett* („Jesusminarett", 15. Jh.). Das höchste der Minarette wurde von den Muslimen so benannt, weil sie glauben, daß der von ihnen als Vorläufer von Mohammed verehrte Jesus Christus am Jüngsten Tag herabsteigen und von diesem Minarett aus die Welt richten würde. Von den Umgängen der Minarette (die Erlaubnis zum Aufstieg erhält man gelegentlich beim Pförtner) hat man einen herrlichen Blick über die Dächer der Altstadt bis zur Ghuta (s. S. 25).

Vom Hof aus betritt man den prächtigen Gebetssaal. Er ist 136 m lang und 38 m breit. Seine Decke wird von zwei Reihen korinthischer Säulen getragen, der Fußboden ist mit kostbaren Teppichen ausgelegt. Mit Mosaiken und kunstvollen Steinmetzarbeiten geschmückt sind Mihrab (Gebetsnische) und Minbar (Kanzel). In einem kleinen Kuppelbau im Ostteil des Gebetsraums wird das Haupt Johannes' des Täufers aufbewahrt, das von den Christen und Muslimen als das ihres Vorläufer-Propheten Yahia (Johannes) gleichermaßen verehrt wird.

Man verläßt den Innenhof der Moschee wieder durch den Besuchereingang, wendet sich zweimal rechts und gelangt zum

***Saladin-Mausoleum** [6]. Das prächtige Marmorgrab des durch die Kriege mit den Kreuzfahrern auch in Europa bekanntgewordenen Sultans Salah Ed-Din (Saladin) wurde 1898 vom deutschen Kaiser Wilhelm II. anläßlich seiner Orientreise gestiftet. Der kunstgeschichtlich wesentlich wertvollere Holzsarkophag Saladins (12. Jh.) ist mit herrlichen Schnitzereien in

geometrischen Mustern und mit einer kufischen Inschrift geschmückt.

In der unmittelbaren Umgebung der Omaijadenmoschee befinden sich in dem Gewirr der Gassen mehrere Koranschulen (Medressen). Sehenswert ist die

***Zahirieh-Medresse** [7]. Sie wurde um 1277 erbaut und besitzt eine schöne Fassade aus der Mamlukenzeit (13. Jh.). Man beachte die dekorativen arabischen Schriftzeichen und Arabesken über dem Eingang. Die Medresse beherbergt heute eine bedeutende Bibliothek (sie wird als „Nationalbibliothek" bezeichnet) und die Gräber des Mamlukensultans Baibars (Zaher Baiber) und seines Sohnes Malek es-Said. Die Wände der Räume sind mit Marmordekorationen und kunstvollen Mosaiken verziert.

Gegenüber erhebt sich die

***Adilieh-Medresse** [8]. Sie wurde um 1215 als Grabmal für Saladins Bruder El-Adil errichtet, der u. a. die Zitadelle von Damaskus erneuern und befestigen ließ. Die Medresse beherbergt heute die *Arabische Akademie.* Beachtenswert ist auch die in der Nähe stehende *Al-Amir -Bardabak-Moschee* [9] aus dem 15. Jahrhundert. Etwas weiter nördlich steht die noch ältere *Al-Tawba-Moschee* [10].

Wieder zurück bei der Omaijadenmoschee, folgt man nun der nach Süden führenden Gasse El Sagha und sieht nach wenigen Schritten rechts den *Khan el-Harir* [11] aus dem 16. Jahrhundert, eine alte Karawanserei, in der heute ein Seidenmarkt untergebracht ist, und links den Zufahrtsweg zum

****Azem-Palast** *(Beit el-Azem)* [12]. Er wurde von dem türkischen Gouverneur von Damaskus, Assad Pascha El-Azem im Jahre 1749 erbaut und zählt zu den schönsten Beispielen arabischer Baukunst des 18. Jahrhunderts. Der Palast besteht aus zwei Teilen: dem *Selamlik* mit den Gäste- und Empfangsräumen und dem *Haremlik* („Frauenpalast") mit den Wohnungen für die Familie. Der prächtige große Innenhof wird von Arkadengängen gesäumt und besitzt ein marmornes Wasserbecken. Sorgsam gepflegte Zitrusbäume spenden Schatten. In den zahlreichen, kunstvoll ausgeschmückten Gemächern und orientalischen Bädern sind heute ein *Folklore-Museum* und ein *Museum für Syrische Volkskunst* untergebracht. Lebensgroße Trachtengruppen vermitteln ein anschauliches Bild von den Lebensgewohnheiten des 18. Jahrhunderts.

Azem-Palast

Im Süden davon stehen viele Gebäude aus dem 13. bis 16. Jahrhundert. Der

***Khan Assad Pascha** [13] wurde 1752 erbaut und gilt als schönste Karawanserei (Herberge) von Damaskus. Er besitzt einen weiten Innenhof mit einem gezackten Brunnenbecken und mehreren Warenlagern und Verkaufsräumen. Die Wände sind reich mit Stuckarbeiten und Marmordekorationen verziert. Beachtenswert ist vor allem die prächtige Ausschmückung der Hauptkuppel in der Mitte, die von acht kleineren Halbkuppeln gestützt wird, sowie die Westfassade des Bauwerks mit fein ziselierten Säulen und kunstvoll verzierten Fensternischen. Der Khan wird derzeit restauriert.

Noch weiter im Süden stößt man gleich darauf auf die

***Via Recta** [14], die „Gerade Straße". Sie wird schon im Neuen Testament (Apostelgeschichte 9, 11 ff.) als jene Straße erwähnt, in die Gott den hl. Ananias sandte, um im Haus des Judas „nach einem Mann namens Saulus aus Tarsus" zu suchen. Die „Gerade Straße" dient heute als gedeckte Marktstraße (El-Tawileh-Markt), von der aus mehrere Nebenmärkte (für die Seidenverkäufer, die Parfümkaufleute, die Baumwollwarenverkäufer usw.) abzweigen. 1948 wurde in der Straße ein römischer Torbogen freigelegt. Wenn man der Straße nach Osten folgt, so gelangt man nach etwa 1 km an das

Bab Sharki [15], das östliche Stadttor des alten Damaskus. Es wurde schon im 2. Jahrhundert n. Chr. von den Römern erbaut und ist das einzige noch erhaltene von ursprünglich sieben römischen Toren. Es ist ein Teil der alten römischen Stadtmauer, die unter den Byzantinern, Arabern und Türken verbessert und instandgehalten wurde.

Die anderen noch erhaltenen Stadttore in der Stadtmauer stammen aus dem 12. und 13. Jahrhundert. Es sind dies das *Bab Tuma* [16] („St.-Thomas-Tor"), das *Bab as-Salam* [17], das *Bab as-Saghir* [18], das *Bab al-Jabieh* [19], das *Bab al-Farag* [20] und das *Bab al-Faradis* [21].

Kurz vor dem römischen Bab Sharki biegt man links in die *Hannaniya-Straße* ab, wo man interessante Handwerksbetriebe und Souvenirläden findet, und gelangt zur Kirche

***St. Ananias** [22]. Die unterirdische Kirche, die sich an der Stelle eines römischen Tempels befindet, gehört zu den ältesten erhaltenen frühchristlichen Kirchen. Hier soll sich das Haus des heiligen Ananias befunden haben, der nach der Apostelgeschichte (9, 10–19) dem auf dem Weg nach Damaskus erblindeten Christenverfolger Saulus die Hände auflegte und ihn wieder sehend gemacht haben soll. Saulus ließ sich taufen, aus ihm wurde der Apostel Paulus, der die Lehre Jesu in die Welt hinaustrug.

Wenn man vom Bab Sharki [15] der alten Stadtmauer etwa 300 m weit nach Südwesten folgt, kommt man zum

Bab Kisan [23] aus dem 14. Jahrhundert, das an jener Stelle erbaut wurde, wo Paulus in einem Korb über die Stadtmauer hinuntergelassen wurde, um ihn nicht in die Hände seiner jüdischen Verfolger, die beschlossen hatten, ihn zu töten, geraten zu lassen (Apostelgeschichte 9, 23–25). In dem Tor ist die *Pauluskapelle* eingebaut, die mit Szenen aus der Apostelgeschichte, die sich auf den Aufenthalt des heiligen Paulus in Damaskus beziehen, ausgemalt ist. Über dem Tor kann man ein zugemauertes Fenster sehen, das jenem nachgebildet sein soll, aus dem die Jünger dem Paulus die Flucht ermöglichten.

Man kann nun mit dem Taxi zurück zum Ausgangspunkt des Rundgangs fahren. Interessanter ist der Weg zu Fuß entlang der alten Stadtmauer zum Eingang des Suk el-Hamidieh [3] und von dort zum El-Schuhada-Platz [1].

Im Stadtteil Baramke liegt das

****Nationalmusem** [24] mit wertvollen Kunstschätzen aus allen Epochen der syrischen Geschichte. Es wurde 1919 gegründet und 1936 in den neuen Museumsbau in der Nähe des Flusses Barada verlegt. Die Sammlungen sind in die Abteilungen „Vorklassische Altertümer", „Klassische Altertümer" (griechische, römische und byzantinische Periode), „Arabisch-islamische Kunst" gegliedert. Das Museum ist dienstags geschlossen.

In der Eingangshalle sind Mosaikfragmente und Stuckarbeiten aus byzantinischer und arabischer Zeit ausgestellt. Der nach links wegführende Gang mündet in eine Halle, in der weitere Mosaiken aus römischer Zeit mit allegorischen Darstellungen und mythischen Motiven gezeigt werden. Schräg links erblickt man die rekonstruierte Synagoge von Doura Europos (245/246 n. Chr.) mit Fresken, die Szenen aus dem Alten Testament (u.a. Auszug der Juden aus Ägypten, Raub der Bundeslade durch die Philister) darstellen. Die Fresken sind die ältesten uns bekannten Darstellungen biblischer Geschichte außerhalb Palästinas.

Von dieser Halle führt eine Treppe hinunter in das „Hypogeum der Yarhai-Familie", die Teilrekonstruktion eines Grabgewölbes aus Palmyra (s. S. 48) von 108 n. Chr., mit etwa 30 kleinen Grabnischen, mit den Porträts der Verstorbenen.

In der „Palmyra-Halle" kann man zahlreiche Reliefs, Skulpturen und Reste von Textilien aus dem 1. bis 3. Jahrhundert n. Chr. betrachten. Berühmt ist vor allem das Mosaik der Kassiopeia.

Die Abteilung *Klassische Altertümer* enthält antike Ton- und Glaswaren, Schmuckgegenstände, Bronzestatuetten, die Darstellung der Minerva und zwei Siegesgöttinnen aus Basalt, verschiedene Skulpturen und Reliefs, Wandmosaiken usw.

Hierher gehört auch die im Obergeschoß untergebrachte Sammlung der „Schätze von Homs": zahlreiche goldene Schmuckgegenstände und Trophäen, eine goldene Totenmaske, ein silberner Maskenhelm, die Statue der Aspasia und alte Glasarbeiten.

Die wichtigsten Ausstellungsstücke der Abteilung *Vorklassische Altertümer* sind die Funde von Mari und Ugarit (s. S.45), darunter die Alabasterstatue des Königs Itur-Schamagan (um 2500 v. Chr.), ein Hausmodell aus derselben Zeit, eine aramäische Stele (8. Jh. v. Chr.) mit einem Vertrag zwischen zwei nordsyrischen Königen, die größte je im Orient gefundene Elfenbeintafel (über einen Meter lang) aus dem 13. Jahrhundert v. Chr., die Reste eines runden Elfenbeintisches aus derselben Zeit, der berühmte Elfenbeinkopf aus Ugarit aus dem15. Jahrhundert vor Christus sowie die Tontafel mit dem ältesten uns bekannten, aus 30 Buchstaben bestehenden Alphabet („Phönizisches

Alphabet“) aus dem 14. Jahrhundert v. Chr.

In der Abteilung *Arabisch-islamische Kunst* ist vor allem die Teilrekonstruktion des Qasr el-Heir al Gharbi sehenswert, eines arabischen Palastes, den sich der Omaijadenkalif Hisham ben Abd el-Malik im 8. Jahrhundert in der Syrischen Wüste erbauen ließ. Mehr als 50 000 Einzelteile wurden von der Palastruine hierher gebracht und aufgestellt. Die verschiedenen Fensterausschmückungen, Ornamente, Pfeiler und Bögen vermitteln ein anschauliches Beispiel der noch von Byzanz und Persien beeinflußten früharabischen Kunst. In dem Flügel sind auch noch Bauteile, Kunstgegenstände wie Keramikvasen, Gläser, Goldschmuck, Waffen, Münzen aus den Regierungszeiten der Abbasiden, Tuloniden, Fatimiden, Seldschuken, Mamluken, Türken und anderes zu sehen. Eine eigene Abteilung ist der Schriftkunst und astronomischen Geräten gewidmet.

Nur wenige Schritte vom Museum entfernt erhebt sich der ausgedehnte Gebäudekomplex

***Tekkie as-Suleimanieh** [25]. Der um das Jahr 1560 vollendete Bau wurde im Auftrag von Sultan Süleyman dem Prächtigen als Herberge für Mekkapilger errichtet. Er steht an der Stelle des im Jahre 1400 von den Mongolen unter Timur Lenk niedergebrannten Königspalastes. Die eine Seite des stimmungsvollen Hofes nimmt eine von einer hohen Kuppel bekrönte und von zwei Minaretten flankierte Moschee ein, die im charakteristischen „Mischstil“ ihrer Zeit erbaut ist: dem stark von der byzantinischen Bauweise beeinflußten Stil der Moscheen Konstantinopels und dem syrischen Stil mit polychromem Werksteinwechsel.

Rekonstruierter El-Heir-Palast

Tekkie as-Suleimanieh

Im nördlichen Teil der Anlage befindet sich das *Armeemuseum.*

Östlich daran schließt der neue

Handwerker-Basar [26] an. Er ist in einem Teil der „Tekkie“ untergebracht und bietet einen hervorragenden Überblick über die kunsthandwerklichen Erzeugnisse Syriens. In einigen Läden kann man hier den Handwerkern zusehen, wie sie Gold- und Silberschmuck herstellen, Leder verarbeiten, Kupfergefäße und -tabletts ziselieren, orientalische Kleider aus feinsten Brokaten und Aghabanistoffen erzeugen, Holzmosaiken, Malereien auf Holz und Glas anfertigen. Alle Gegenstände sind auch käuflich zu erwerben. Sie sind nicht billig, doch kann man die Gewißheit haben, keine Imitationen oder Ramsch, sondern echtes Kunsthandwerk zu erstehen.

Dem Tekkie-Komplex gegenüber liegen die Gebäude der *Universität* [27].

Etwas weiter östlich, am Hedschasplatz (Hidjaz Square), befindet sich der *Bahnhof der Hedschasbahn* [28]. Von dort aus fahren die Züge ins Tal des Flusses Barada (s. S. 31).

*

Im Norden der Stadt, am Hang des Qassiun-Berges, erstreckt sich das Viertel *Tscherkassieh.* Dort liegen mehrere kleine Moslemfriedhöfe, Koranschulen und Moscheen. Sehenswert ist vor allem die

***Scheich-Mohyeddin-Moschee** [29], die Sultan Selim im Jahre 1518 als Grabmoschee für den berühmten arabischen

Philosophen und Sophisten Ibn el-Arabi erbauen ließ. Daneben steht das *Grabmal von Abd el-Kader,* der 17 Jahre lang gegen die französische Besatzung in Algerien kämpfte und ein arabisches Großreich errichten wollte. Nach seiner Kapitulation 1847 mußte er nach Damaskus ins Exil gehen, wo er 1882 gestorben ist. Man beachte die prächtige, mit Porzellan ausgelegte Kuppel und das schlanke syrische Minarett. Der Moschee gegenüber liegt die sogenannte „Küche des Sultan Selim" aus dem 16. Jahrhundert.

PRAKTISCHE HINWEISE

ⓘ National Tourist Information Office, 29, Rue Ayar; außerdem am Internationalen Flughafen.

✈ Beirut, Lattakia, Aleppo, Deir ez-Zor, Amman, Istanbul u. a.

Beirut, Deraa, Homs, Amman (unregelmäßige Verbindungen).

Beirut, Homs, Hama, Aleppo, Deraa, Suwayda usw. Servicetaxis nach Homs, Beirut, Amman und allen Orten der Umgebung.

„Cham Palace", Maysalum Street; „Meridien Damascus", Ave. Choukry Kuwalty; „Sheraton", Ummayad Square; „Techrin", Baramak Street.

„Al-Jalaa", Autostrada al-Maza; „Al Shark", Mousalam al-Baroudy; „City Hotel" Flughafenbus-Terminal; „Damascus International", Al-Bahsa Street; „Kattan", Jamhourie Street; „Semiramis", Jamhourie Street; „The New Omayad", Brazil Street.

Über 70 Hotels.

Rue Saleh al-Ali, Nähe Zentralbank (unregelmäßig geöffnet).

„Hastara Camping" (7 km); „Sahara Tourist Camping", Beirut Road, Cin al-Khadra Alley (10 km); „Al-Dajani Camping", Deraa Road (10 km). Die Plätze sind nicht durchgehend geöffnet.

AUSFLÜGE

Beliebte Ausflüge führen in die Oase *El-Ghuta,* die Damaskus im Halbkreis umgibt. Dort gibt es schöne Gärten und Haine, schattige Picknickplätze, volkstümliche Restaurants und Erfrischungslokale. Am Rand der Oase liegt das

***Mausoleum von Sitt Zeinab,** das man in etwa 25 Minuten Fahrzeit erreicht. Sitt Zeinab (auch As-Saijida Zeinab) war die Tochter von Ali, Mohammeds Vetter und Schwiegersohn. Da die Blutsverwandtschaft mit Mohammed und Ali für die Schiiten eine herausragende Rolle spielt, ist das Grabmal der Sitt Zeinab einer der wichtigsten schiitischen Pilgerorte. Es befindet sich in der Mitte eines mit kunstvoll verzierten, blau-gelben Fliesen ausgestatteten Kuppelraums, den ein kostbarer Kristallüster schmückt.

Im Mausoleum der Sitt Zeinab

***Barada-Tal.** Auf dem Weg zur nahen libanesischen Grenze (Damaskus–Beirut: 112 km) fährt man durch das fruchtbare Tal des Flusses Barada. Es gibt dort zahlreiche schattige Rastplätze und Ausflugs-Gaststätten, wie Ain al-Fijeh, Deir Qanun, Souk Wadi Barada und Takiyeh.

***Antilibanon.** Wenn man durch das Barada-Tal (s. S. 31) zur libanesischen Grenze fährt, zweigt kurz vorher rechts eine Höhenstraße ab, die zu den schönen und modernen Sommerfrischorten des Antilibanon-Gebirges (das hier über 2400 m hoch ist) führt: *Zebadani* (1175 m; 47 km; 7), *Bludaan* (1500 m; 50 km; „Grand Hotel" und 10) und *Bekkein* (1350 m; 52 km). Die drei Erholungsorte sind vor allem im heißen Sommer wegen ihres frischen Klimas beliebt, in Bekkein gibt es auch Mineralquellen.

Grabmal von Abel. Etwa 36 km von der Stadt entfernt liegt auf einem steinigen Hügel über dem Barada-Fluß ein unscheinbarer, etwa 7 m langer, rechteckiger Bau, der mit einer weißen Kuppel bekrönt ist. Dort verehren die Drusen das Grabmal Abels, des „ersten Märtyrers der Weltgeschichte“, der von Kain erschlagen wurde.

Sednaya. Der 37 km nördlich von Damaskus liegende Ort ist wegen seines Marienklosters *Notre Dame de Sednaya* besuchenswert. Das unter Kaiser Justitian im 6. Jahrhundert errichtete Kloster ist ein festungähnlicher Bau und beherrscht von einem 1415 m hohen Hügel den ganzen Ort. Das Kloster wird von orthodoxen Nonnen bewohnt. In ihm wird ein wundertätiges Marienbild verehrt: eine Ikone, die der Evangelist Lukas gemalt haben soll.

***Maalula.** Den 1500 m hoch gelegenen Ort erreicht man über die Autobahn nach Aleppo, die man bei Khan el-Arus (49 km) nach links verläßt (Gesamtstrecke 59 km). Die Straße zum „malerischsten Felsendorf“ Syriens mit seinen terrassenförmig übereinander geschachtelten Gebäuden führt durch einen engen Felsspalt und schlängelt sich zwischen in die Felsen gehauenen Häusern zu dem 1720 m hoch gelegenen Kloster *Mar Sarkis* mit seiner byzantinischen Kuppel hinauf. Von hier hat man einen schönen Blick hinunter auf das Dorf.

Das Felsendorf Maalula

Die Brunnen des Ortes liegen in Höhlen, an deren Wänden zum Teil noch gut erhaltene altgriechische Inschriften zu sehen sind.

In die Felsen hineingeschlagen ist das griechisch-orthodoxe Kloster *Mar Tekla,* das als das älteste noch existierende christliche Kloster der Welt bezeichnet wird. Der Überlieferung nach sollen hier die Gebeine der heiligen Thekla bestattet sein. Ursprünglich stand an der Stelle des Klosters ein römischer Tempel.

In dem Dorf wird heute noch Westaramäisch, eine dem Hebräischen verwandte semitische Sprache, gesprochen. Das Westaramäische war zu Beginn des ersten vorchristlichen Jahrtausends weit verbreitet, und im Perserreich war es Verwaltungssprache. Es hatte auch das Hebräische weitgehend verdrängt, so daß einige Teile des Alten Testaments in Aramäisch geschrieben wurden. Das Westaramäische war auch die Sprache von Jesus und seinen Jüngern. – 🏨 „Safir Hotel“.

***Suweida.** Den 106 km südöstlich von Damaskus liegenden Hauptort des Berglandes *Dschebel ed-Druz* erreicht man auf der Landstraße N-110 über *Schahba,* das unter dem Kaiser Philippus Arabs einst Philippopolis hieß und noch Reste alter Tore, römischer Thermen, eines Theaters und ein kleines, sehr sehenswertes Mosaikenmuseum besitzt (Restaurant; ⚠).

Das wegen seiner aus dunklen Basaltsteinen erbauten Häuser düster wirkende *Suweida* ist vor allem den Archäologen bekannt, da in der Umgebung zahlreiche Altertümer aus der Nabatäer- und der Römerzeit ausgegraben wurden.

Schöne antike Skulpturen und andere Ausgrabungsstücke kann man im neuen *Museum* nahe dem Busbahnhof sehen. Von touristischem Interesse sind vor allem die zahlreichen byzantinischen Ruinen in der Stadt und ihrer unmittelbaren Umgebung, darunter auch die große Ruine einer Basilika aus dem 5. Jahrhundert in Quanawat. Man kann von hier über Bosra, s. S. 49, und Deraa auf der Hauptstraße EM-5 zurück nach Damaskus fahren.

**Aleppo

Aleppo (arabisch Haleb; 1,2 Mill. Einw., 320 m) ist die zweitgrößte Stadt Syriens, ein wichtiges Bildungszentrum mit einer Universität und mehreren Hochschulen und das größte Industrie- und Handelszentrum des Landes. Als bedeutender Marktplatz an den von Mesopotamien, Südsyrien, Palästina und Anatolien kommenden und hier zusammenmündenden Handelsstraßen spielte Aleppo seit altersher immer eine wichtige Rolle in der Geschichte des Landes.

Für Touristen ist Aleppo wegen seiner mächtigen Zitadelle, seiner großen Karawansereien, seiner zahlreichen Moscheen, seines Nationalmuseums und seiner über 12 km langen überdachten Basarstraßen, aber auch als Ausgangspunkt für Besuche der vielen historisch bedeutenden Ruinenstätten in der unmittelbaren Umgebung der Stadt von Bedeutung.

Anfang September bietet Aleppo mit seinem eine Woche währenden „Baumwollfest" (es findet zu Beginn der Baumwollernte statt) eine karnevalähnliche Betriebsamkeit mit Trachtenumzügen, Musikparaden, Volkstänzen, Volksbelustigungen, einem Galaball mit der Wahl der „Baumwollkönigin", kulturellen und sportlichen Veranstaltungen.

GESCHICHTE

Die Stadt blickt auf eine fünftausendjährige Geschichte zurück. Im zweiten Jahrtausend v. Chr. war sie der Mittelpunkt des blühenden Königreiches Jamhad, das um 1620 v. Chr. von den Hethitern unterworfen wurde. Ihnen folgten die Churriter, dann die Ägypter unter Thutmosis III. (1479–1427). Nach einer Zwischenperiode der aus Mesopotamien einfallenden Mitanni kamen nochmals die Hethiter an die Macht. Um 1200 bildete sich ein kleines syrisch-hethitisches Königreich, das seine Selbständigkeit bis zum Einfall der Assyrer (727 v. Chr.) behaupten konnte.

In der Folgezeit teilte Aleppo das Schicksal des übrigen Landes. Den Assyrern folgten die Babylonier, die persischen Achämeniden, Alexander der Große und die Seleukiden. Im Jahr 65 v.Chr. wurde die Stadt römisch. 540 n. Chr. wurde sie von den persischen Sassaniden erobert, denen im Jahre 637 die Araber folgten. Im Jahre 944 befreite sich der Emir Saif ed-Dhaula von der Herrschaft der in Bagdad residierenden Abbasidenkalifen. 968 begann die kurze Herrschaft der Byzantiner, die bis 1017 währte, als die ägyptischen Fatimiden das Land eroberten. Unter ihnen, wie auch unter den nachfolgenden Seldschuken, konnte sich in Aleppo die einheimische Dynastie der Mirdasiden bis zum Jahre 1079 halten. Den Kreuzritterheeren leistete die Stadt in den Jahren 1098 und 1124 erfolgreich Widerstand.

1183 gliederte Saladin das Emirat seinem Reiche ein und übertrug es seinem Sohne El-Zahir Ghazi. Nach der Plünderung durch die Mongolen (1260) gehörte Aleppo bis 1516 zum Reich der ägyptischen Mamluken, dann zum Osmanischen Reich. Von 1919 bis 1945 stand die Stadt mit dem übrigen Syrien unter französischem Mandat. Heute ist sie die Hauptstadt der gleichnamigen Provinz, die als die reichste des Landes gilt.

SEHENSWÜRDIGKEITEN

Zentrum der modernen Stadt ist das Viertel um die *Baron-Straße (Rue Baron)* [1], in der sich auch einige Hotels „Baron", „Ramsis", „Granada" und Restaurants befinden. Von hier sind es nur wenige Schritte zum weiträumigen *Stadtpark* [2] mit gepflegten Grünflächen und Springbrunnen, zum *Hauptpostamt* [3], zum offiziellen *Touristen-Informationsbüro* [4] und zum

****Nationalmuseum** [5]. Es wurde erst 1965 errichtet, zählt aber wegen seiner archäologischen und Kunstschätze zu den bedeutendsten Museen des Vorderen Orients. Mit seinen Ausgrabungsstücken aus den Epochen der Sumerer, Amoriter,

Die Zitadelle von Aleppo

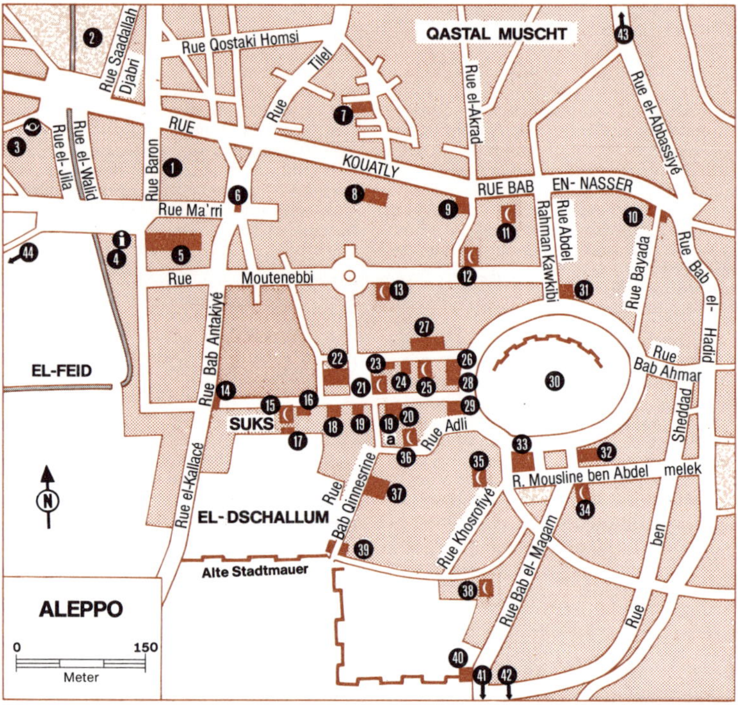

Hethiter, Mitanni, Assyrer, Babylonier, Phönizier, Perser, Griechen, Römer, Byzantiner und Türken gibt es einen umfassenden Überblick über die uralte Geschichte des Landes mit seinen zahlreichen Kulturen. Daneben enthält es auch bedeutende Kunstschätze aus der arabisch-islamischen Welt.

3500 bis 4000 Jahre alt sind die Funde aus Tell Hariri, dem antiken Mari: die Statue einer wasserspendenden Göttin, die Figur des betenden Fürsten Ischtup Ilum, die Darstellung des Sonnengottes Schamasch, der hinter den Bergen emporsteigt, der bronzene Kopf einer Löwin sowie eine Sammlung von Büsten der Könige und Fürsten von Mari und eine dreiteilige Perlmutt-Tafel.

Die Funde aus Ras Schamra, dem antiken Ugarit (um 1500 v. Chr.), bestehen aus zahlreichen Gold- und Silbergegenständen (Pokale, verzierte Schalen, Statuetten, Tierfiguren), wie auch aus einer mit eingehämmertem Gold verzierte Bronzeaxt mit einer Klinge aus Eisen – zu dieser Zeit war Eisen noch ein äußerst kostbares und seltenes Metall.

Ausstellungsgegenstände, die die neohethitisch-syrische Kunst gut verdeutlichen, sind die aus dem 9. Jahrhundert v. Chr. stammenden Funde aus Tell Halaf an der türkischen Grenze: eine geflügelte Sonnenscheibe, die Göttin Ashtar auf einer Löwin stehend, Gott Hadad, Relieftafeln mit geflügelten Fabeltieren und Tieren, die hier inzwischen ausgestorben sind (Löwen, Bären, Antilopen u. a.).

Aus Tell Ahmar (10. bis 7. Jh. v. Chr.) an der zwischen dem Mittelmeer und dem Euphratbecken liegenden Handelsstraße stammen die Darstellung des auf einem Stier stehenden hethitischen Gottes Teshup (Gott des Regens und des Windes), die Statue des assyrischen Königs Asarhaddon und eine Sammlung von Fliesen mit bunten Mustern. Bemerkenswert sind ferner die fein bearbeiteten Elfenbeintafeln von Arslan Tasch (9. Jh. v. Chr.), die seinerzeit das Prunkbett des aramäischen Königs Hazael zierten, die beiden großen assyrischen Löwen aus Basaltstein, die in Hama gefundenen Götterfiguren aus dem 10. bis 8. vorchristlichen Jahrhundert, und vieles mehr.

Am nahen Platz *Bab el-Faradsch* [6], einem Verkehrsmittelpunkt mit einem Uhrturm an der Grenze zwischen Alt- und Neustadt, liegen zahlreiche einfache und billige Touristenhotels („Heliopolis", „Al-Khayam", „Ghasan", „Port Said Al-Jadid", „Damaskus", „Al-Karnak" u. v. a.). In der Nähe kann man auch mehrere sehr schöne Adelshäuser aus dem 16. und 17. Jahrhundert sehen, so das *Ghazaleh-Haus* [7] und das *Joumblatt-Haus* [8] aus dem 17. Jahrhundert, beide mit beachtenswerten Innenhöfen.

Zwischen den beiden sehr gut erhaltenen alten Stadttoren *Bab el-Nasser* [9] und *Bab el-Hadid* [10] begrenzt die geschäftige Rue Bab el-Nasser die Altstadt im Norden. In der Nähe liegen zwei sehenswerte Moscheen; die große *Osmanieh-Moschee* [11], eine Kuppelmoschee aus dem 18. Jahrhundert mit türkischem Minarett, einer Bibliothek, einer Koranschule und einer Armenküche, sowie die *Mihmandar-Moschee* [12] aus dem 14. Jahrhundert mit schön geschmücktem syrischem Minarett. In der Rue Moutenebbi beachte man die *Dabbagha-Moschee* [13].

Die Besichtigung der malerischen *Altstadt-Suks* (Märkte) beginnt man am besten am Stadttor *Bab el-Antakieh* [14], von wo aus die überdachten Basarstraßen in östlicher Richtung bis zur Zitadelle (s. S. 36) verlaufen. Diese Basarstraßen sind mit seit Jahrhunderten unverändert erhalten gebliebenen Läden, Karawansereien, Bädern und Moscheen gesäumt und vermitteln mehr als in allen anderen syrischen Städten ein charakteristisches Bild vom Marktleben des Orients.

Die Länge der überdachten Suks wird auf etwa 12 km geschätzt; sie sind alle miteinander verbunden. Die Handwerker sind gruppenweise nach ihren Berufen in diesen Suks untergebracht und zeigen noch immer ihr mittelalterliches Gepräge. Bis vor kurzem konnte man noch Kamelkarawanen durch die Suks zu den Karawansereien wandern sehen. Heute dürfen die oft von weither kommenden Beduinen nur mehr mit ihren Eseln und Maultieren die Suks betreten.

Man folgt den Basarstraßen vom Antakieh-Tor zuerst bis zur sehenswerten *Al-Bahramieh-Moschee* [15], neben der sich die *Al-Ahmadyan-Koranschule* [16] erhebt. Ein rechts abzweigender Seitenweg führt zum *Bimaristan an-Nuri* [17], dem aus dem 14. Jahrhundert stammenden und erst kürzlich restaurierten Asyl für Geisteskranke.

Nicht weit entfernt von hier liegen die drei Karawansereien *Khan al-Dschumruk* [18] (auch Khan Gumruk), *Khan al-Nahasin* [19] mit einem angeschlossenen *türkischen Bad* [19a] und *Khan al-Ilabieh* [20] aus dem 16. und 17. Jahrhundert.

Der berühmteste Bau im Basarviertel ist die große

***Omaijadenmoschee** [21] (auch „Große Moschee"; *Dschamia el-Kebir*). Sie wurde im Jahre 715 von den Omaijaden errichtet, 1190 bei einem Brand zerstört und wiederaufgebaut. Im 15. Jahrhundert wurde sie erweitert.

Das 48 m hohe und mit drei kufischen (altarabischen) Schriftbändern verzierte Mi-

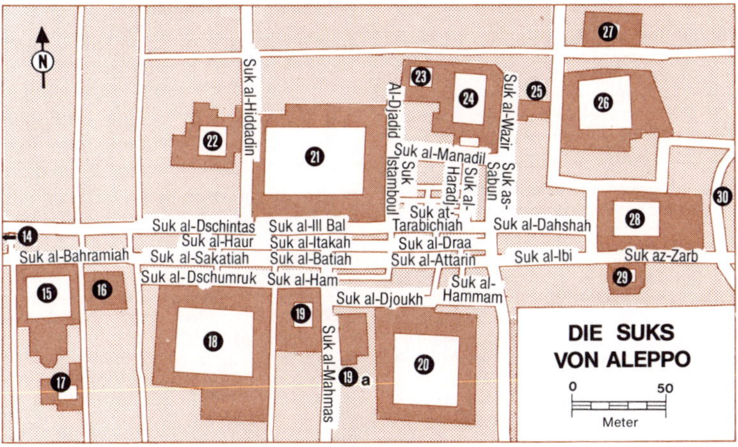

narett stammt aus dem 12. Jahrhundert. Im Gebetssaal sind der holzgeschnitzte Minbar (Kanzel) aus dem 15. Jahrhundert und – links vom Mihrab – das angebliche Grab von Zacharias (Vater von Johannes dem Täufer) beachtenswert.

Gegenüber der Moschee steht die

***Al-Halawieh-Medresse** [22]. Die Koranhochschule wurde im 12. Jahrhundert an der Stelle einer byzantinischen Kirche aus dem 5. Jahrhundert erbaut, die angeblich auf den Resten einer noch älteren von der Kaiserin Helena gegründeten Kirche gestanden haben soll. Im Nordwestteil des Hofes sieht man eine schöne Gebetsnische aus dem Jahre 1245.

Östlich der Omaijadenmoschee liegen eine weitere Koranschule, die *Asch-Scharafieh-Medresse* [23], der sehenswerte *Khan as-Sabun* [24] aus dem 16. Jahrhundert und die kleine *Dschamia al-Fustaq* [25] („Pistazienmoschee") aus dem Jahre 1349. Ihr gegenüber liegt der

***Khan al-Wazir** [26] aus dem 17. Jahrhundert. Er zählt zu den größten und schönsten Karawansereien der Stadt und besitzt ein bemerkenswertes schwarzweiß gestreiftes Portal.

Auch der alte, kuppelgekrönte Palast *Matmakh el-Adschami* [27] aus dem 12. und 13. Jahrhundert, in dem Teile des Nationalmuseums (s. S. 33) untergebracht sind, lohnt einen Besuch.

Schließlich besichtige man im Basarviertel noch den großen *Khan Khayer Bey* [28] aus dem 16. Jahrhundert und die *Asch-Schazbakhtieh-Medresse* [29]. Von hier aus erreicht man nach wenigen Schritten die

****Zitadelle** [30]. Sie erhebt sich auf einem etwa 50 m hohen Felsen, dessen Abhänge aufgeschüttet und geglättet wurden. Die obere ovale Fläche des Hügels ist etwa 375 m lang und 275 m breit. Der Burghügel ist von einem 30 m breiten und 22 m tiefen Wallgraben umgeben.

Archäologische Grabungen brachten den Beweis dafür, daß schon vor mehr als 3000 Jahren hier eine Befestigungsanlage gestanden hat.

Der heutige Bau stammt aus dem 7. Jahrhundert. Er wurde kurz nach der Eroberung der Stadt durch die Araber begonnen und später mehrmals um- und ausgebaut. Die letzte große Umgestaltung, bei der die Zitadelle auch neue Mauern erhielt, stammt aus dem 13. Jahrhundert. Sie war damals der größte militärische Bau der bekannten Welt. Der Um- und Neubau war notwendig geworden, da die Mongolen 1260 große Teile des Bauwerks zerstört hatten. In der Folgezeit konnte die Zitadelle nie mehr von feindlichen Heeren erobert werden. Zeitweise diente sie auch als königliche Residenz, so unter dem Mamlukensultan Khalil (1292), was dieser in einer langen Inschrift an der Fassade verewigen ließ.

Die Zitadelle ist eine der bedeutendsten Bauwerke des arabischen Mittelalters.

Man betritt sie durch einen großen, gut erhaltenen Torturm aus dem 16. Jahrhundert, über eine achtbögige Brücke und durch ein mächtiges Eingangstor mit zwei Türmen aus dem 13. Jahrhundert. Dort beginnt ein gedeckter Gang, der mit fünf Windungen und drei Toren jeden Angreifer aufhalten sollte. An den Toren kann man Reliefs mit Schlangen und Löwen sehen. Rechts führt eine steile Treppe in den 27 m langen und 24 m breiten Thronsaal, durch den im 15. Jahrhundert die beiden Tortürme verbunden wurden. Im Thronsaal beachte man vor allem die prächtige Deckentäfelung mit sehr kunstvollen Schnitzereien.

Die Führung durch die Zitadelle bringt den Besucher nun in einen großen unterirdischen Raum, der als Zisterne und als Gefängnis diente, dann weiter zur Abraham-Moschee (1167). Wieder hinauf und zu den Resten der am nördlichen Ende der Zitadelle liegenden *Großen Moschee* (1214) mit einem 21 m hohen Minarett, von dem aus man einen sehr schönen Blick über die ganze Anlage und die Stadt genießt. Auf dem Rückweg wird dem Besucher noch ein 60 m tiefer Brunnen aus dem 13. Jahrhundert gezeigt, zu dessen Boden 225 Stufen hinunterführen, weiter ein zum Teil in den Felsen gehauener großer Saal, der als Lagerraum diente, und die Reste der *Königlichen Bäder.*

Nördlich der Zitadelle steht das *Rathaus* [31], im Süden verdienen das alte türkische Bad *Hammam el-Labbabidieh* [32] aus dem 14. Jahrhundert und die

***Sultanieh-Medresse** [33] Beachtung. Die Koranschule wurde 1223 erbaut und birgt das Grabmal von El-Zahir Ghazi, einem Sohn von Sultan Saladin, der ihm im 12. Jahrhundert die Statthalterschaft übertrug. Die kleine Moschee der Medresse besitzt einen bemerkenswerten marmornen Mihrab.

Hinter der Medresse liegt die

***Utrusch-Moschee** [34] (auch *Turusch-Moschee),* die im 15. Jahrhundert von den Mamluken erbaut wurde und eine schöne

Fassade mit einem charakteristischen Minarett besitzt.

In der Altstadt verdienen ferner die mit Kuppeln gekrönten Moscheen *El-Khosrofieh* [35] aus dem Jahre 1517 und *El-Adlieh* [36], weiter das architektonisch wertvolle *Bimaristan Arghoun* [37], ein im 14. Jahrhundert erbautes Krankenhaus für Geistesgestörte, die *Tawachi-Moschee* [38], die beiden alten Stadttore *Bab Qinnesrin* [39] aus dem 13. Jahrhundert und *Bab el-Moqam* [40], sowie die hier sehr gut erhaltene mittelalterliche Stadtmauer Aufmerksamkeit.

Am südlichen Stadtrand liegen im Viertel *El Maqamat* die *Ez-Zahrie-Medresse* mit einem schönen geschmückten Portal, die sehenswerte *Firdous-Moschee* [41], die von Saladins Schwiegertochter Dayfa-Khatun gestiftet und 1235 vollendet wurde, sowie die *Es-Salhine-Moschee* [42]. Im *Arqub-Viertel* im Norden der Stadt ist die *Scheich-Abu-Bekr-Moschee* [43] sehenswert.

Am Westrand der Stadt liegt auf einer Anhöhe der

Maschhad al-Hussein [44], ein außerordentlich gut erhaltener, von mehreren kleinen Kuppeln bekrönter Bau aus dem 12. Jahrhundert, der als Religionsschule der Schiiten gegründet worden ist. Nahebei steht ein zweites altes Lehrgebäude, der *Maschhad ed-Dikka*.

PRAKTISCHE HINWEISE

ⓘ Tourist Infomation Centre, Baron Street.

✈ Damaskus, Qamischlieh, Deir ez-Zor und internationale Flüge.

🚂 Hama, Homs, Raqqa, Lattakia, Qamischlieh, Ankara, Damaskus.

🚌 Idlib, Lattakia, Tartus, Hama, Homs, Damaskus, Beirut u. v. a.

🏨🏨🏨 „Amir Palace"; „Pullman"; „Shahba Cham Palace". – 🏨🏨 „Baron", „Ramsis", beide in der Baron Street; „New Omajad", Al-Shahbandar Street; „Tourist Hotel", Al-Jabri Street.

🏨 „Semiramis", Kuwatly Street; „Heliopolis", Bab Al-Faradsch; „Kasr Halep", Al Ma'ari Street; „Al-Sufara", Baron Street; „Ilian", „Raghdan", „Ishvilia", alle in der Kul Ab Street; „Al-Kasr", Al-Masaben; „Ghasan", Bab Al-Faradsch; „Al-Karnak", Bab Al-Faradsch, u. v. a.

⛺ Baghdad Railway Station Square (nicht ganzjährig geöffnet). – ⛺.

AUSFLÜGE

****Simeonskloster** (60 km). Man verläßt Aleppo im Westen auf der EM5 und verläßt diese nach 10 km in Richtung Bab el-Hawa. Auf dieser Straße überquert man nach 25 km etwa 1200 m einer gut erhaltenen Römerstraße, die Antiochia (heute das türkische Antakya), die Hauptstadt der Provinz Syrien, und ihren Hafen Seleukia mit Chalkis (in der Nähe des heutigen Al-Iss südlich von Aleppo) verband. Dann biegt man in das nördlich gelegene *Dana* ab. Links der Straße führen Zufahrten zu den Ruinenstädten *Refadah* (schönes Haus aus dem Jahr 510) und *Qaturah* (Grab des Aemilius Reginus mit zwei hohen Säulen). Vor dem Ort *Deir Samaan* führt dann der Weg rechts hinauf zum *Simeonskloster (Qalaat Samaan)*.

Simeons-Klosterkirche

Die Klosterkirche gehört auch als Ruine noch zu den eindrucksvollsten und bedeutendsten Bauwerken des Vorderen Orients. Sie wurde Mitte des 5. Jahrhunderts um die 20 m hohe Säule herum gebaut, auf der der „Säulenheilige" Simeon (390–459) die letzten 27 Jahre seines Lebens betend und predigend verbracht haben soll.

Heute erkennt man noch das Postament der Säule, das in einem großen achteckigen, einst wahrscheinlich von einer Kuppel überwölbten Raum liegt. Die Säule war nach dem Tod des Heiligen Ziel von Pilgern aus der ganzen christlichen Welt. An diesen Kirchenraum schließen sich kreuzförmig vier Basiliken an. Die hohen Bögen und die zum Teil noch erhaltenen Reliefs und Mosaiken vermitteln einen guten Eindruck von der einstigen Größe und Schönheit der ganzen Anlage.

Die östliche, durch eine dreibögige Apsis abgeschlossene Basilika bildete die eigentliche Kirche für die Eucharistiefeier. Man beachte vor allem das prächtige Eingangsportal, durch das man zunächst in die südliche Basilika und dann in den Mittelraum mit dem Säulenrest gelangt. Beachtung verdienen auch die Klostermauern, die Klosterruinen und die etwa 200 m südlich des Haupteingangs liegende Taufkapelle.

Lohnend ist auch die Besichtigung des unterhalb des Klosterhügels liegenden Dorfes *Deir Samaan,* des antiken Telanissos, das eines der schönsten Beispiele der „Toten Städte" ist. Man kann hier noch zahlreiche Baureste alter Kirchen und Klöster sehen. Eine Besichtigung der nach dem Tod des heiligen Simeon entstandenen Wallfahrerstadt ist sowohl vom architektonisch-künstlerischen wie auch vom religiösen Standpunkt aus interessant.

Die Straße N-62 führt von hier weiter in nördlicher Richtung nahe vorbei an der syro-hethitischen Ausgrabung *Ain Dara* und über *Afrin* und *Raju,* parallel mit der Bahnlinie, zur türkischen Grenze.

***Qalb Lozeh** (58 km). Die Besichtigung dieses sehenswerten kleinen Drusendorfes nahe an der türkischen Grenze kann mühelos in Verbindung mit der Fahrt zum Simeonskloster (s. S.37) in einem Tagesausflug unternommen werden.

Man verläßt Aleppo wie oben beschrieben im Westen auf der EM5 und folgt der nach Bab el-Hawa führenden Straße 3 km weit über die Abzweigung nach Qalaat Samaan hinaus. Hier biegt man links auf die Straße nach Harim ein, auf der man nach *Sarmada* mit den Klosterruinen von Al-Breje gelangt. Nach 12 km verläßt man die Landstraße nach links auf einem schmalen, aber geteerten Weg. 4 km weiter führt dieser steil nach *Qalb Lozeh* hinauf. Oberhalb dieses Drusendorfs steht eine aus dem fünften und sechsten Jahrhundert stammende christliche Basilika, die zu den eindrucksvollsten christlichen Stätten Syriens gehört. Die Ruine der dreischiffigen Kirche ist 25 m lang und 15 m breit. Besondere Beachtung verdienen die mächtigen Bögen, die Türumrahmungen und die Säulenkapitelle. Der mit mächtigen Quadersteinen aufgeführte Kirchenbau wurde später als Steinbruch verwendet, so daß von seinem Obergeschoß nur mehr ein Teil der Außenmauer erhalten ist.

In der Nähe liegt das alte Dorf *Kirk Bizeh* am Hang des Dschebel el-Ala; dort kann man noch die Reste einer der frühesten syrischen Kirchen (4. Jh.) und Ruinen anderer frühchristlicher Bauten sehen.

***Cyrrhus** (65 km). Wenn man Aleppo im Nordwesten auf der Straße N-217 in Richtung türkische Grenze verläßt, erreicht man nach 43 km den sehenswerten kleinen Ort *Azaz* und nach weiteren 22 km auf einer nur bei Trockenheit gut zu befahrenden Landstraße die direkt an der türkischen Grenze liegende Ruinenstadt *Cyrrhus,* der besonders zur Römerzeit große militärische Bedeutung zukam. Erhalten sind noch die Reste eines römischen Theaters, eine Nekropole und Ruinen anderer Bauten.

***Tell Ahmar** (113 km). Im Dschesiereh-Gebiet, nordöstlich von Aleppo, findet man mehrere viele Jahrtausende alte Ruinenstätten und Ausgrabungsorte. Man verläßt die Stadt im Nordosten auf der N-212 über Al-Bab. Rund um den Ort *Manbedsch (Manbij)* liegen die bis in das 15. Jahrhundert v. Chr. zurückreichenden Reste hethitischer und mitannischer Bauten. Östlich von Manbedsch liegt am Euphrat-Fluß die sehenswerte alte arabische Festung *Qalaat Nedschim* (*Qalaat Najim)* aus dem 12. und 13. Jahrhundert. Wenn man in Manbedsch links auf die N-216 abzweigt, dann bei Qa'abis auf einer Zufahrt zur Ruinenstätte Straysat nach Osten fährt, stößt man ebenfalls auf den Euphrat. Am gegenüberliegenden Ufer liegt Tell Ahmar mit bedeutenden hethitischen und assyrischen Bauresten aus dem 10. bis 7. Jahrhundert v. Chr. Zahlreiche der hier gefundenen Ausgrabungsstücke (u. a. die Darstellung eines hethitischen Gottes und eines assyrischen Königs) sind im Nationalmuseum von Aleppo (s. S. 33) zu sehen.

Etwas weiter nordöstlich (schlechte Straße) liegt an der türkischen Grenze die assyrische Ruinenstadt *Arslan Tasch* aus dem 9. Jahrhundert v. Chr.

***Ebla** (60 km). Bei *Tell Mardikh* südwestlich von Aleppo wurden 1974/75 die Ruinen von Ebla, einer bedeutenden Handelsstadt der frühen Bronzezeit, ausgegraben. Im Palast fand man ein großes Archiv mit Keilschrifttexten auf Tontafeln aus dem dritten vorchristlichen Jahrtausend.

Wer die anderen zahlreichen antiken und arabisch-islamischen Ruinenstätten in der Syrischen Wüste besuchen möchte, sollte sich vor Fahrtantritt beim Touristenamt über den jeweiligen Zustand der Straßen und Pisten erkundigen.

**Bagdad

Bagdad (4 Mill. Einw.), die Hauptstadt des Irak, ist durch den Krieg 1991 schwer in Mitleidenschaft gezogen worden. Insbesondere zahlreiche öffentliche Gebäude und Einrichtungen, mehrere der Tigrisbrücken, wie auch Wohnhäuser wurden durch Luftangriffe beschädigt oder zerstört. Weder das ganze Ausmaß der Zerstörung, noch was etwa inzwischen an Aufbauarbeiten stattgefunden hat, ist zur Zeit bekannt (die Tigrisbrücken sollen wieder intakt sein). Diplomatische und wirtschaftliche Kontakte zwischen Europa und dem Irak sind fast ganz eingestellt. Die im folgenden aufgeführten Sehenswürdigkeiten in Bagdad und Umgebung sind daher auf dem Stand von 1990 behandelt und beschrieben.

Von der Atmosphäre aus „Tausendundeiner Nacht" oder von der „Stadt Harun ar-Raschids" war auch vor dem Golfkrieg nur mehr wenig erhalten. Trotzdem besitzt Bagdad mit den Schätzen seines Nationalmuseums, seinen 140 Moscheen mit prächtig geschmückten Minaretten, seinen Basaren, alten Karawansereien, Bädern, Mausoleen und Koranschulen noch viele Erinnerungen an die glanzvolle Zeit der Abbasiden-Kalifen, deren Reich sich vor mehr als tausend Jahren zeitweise über drei Kontinente, Asien, Afrika und Europa, erstreckte.

Wegen seiner günstigen Verkehrslage ist Bagdad vor allem als Ausgangspunkt für Ausflugsfahrten nach Ktesiphon, Babylon, Kerbela und Samarra, aber auch nach den weiter entfernten berühmten Ruinenstätten zu empfehlen.

GESCHICHTE

Bagdad wurde in den Jahren 762 bis 766 von Al-Mansour (Almansor), dem zweiten Abbasiden-Kalifen, als Residenz erbaut. Harun ar-Raschid (786-809) erweiterte die anfangs nur am westlichen Tigrisufer liegende Stadt und verband beide Stadtteile mit einer über 200 m langen Brücke. Nach vorübergehendem Niedergang durch Verlegung der Hauptstadt nach Samarra (836–892) erlebte die Stadt im zehnten und elften Jahrhundert ihre höchste Blüte. Sie soll damals 9000 Moscheen, 12 000 Karawansereien, 60 000 Bäder, 80 000 Basare und 2 Millionen Einwohner gehabt haben. 1232 wurde eine Universität gegründet, die allen islamischen Hochschulen seither als Vorbild gedient hat.

Doch schon 1258 wurde Bagdad durch den Mongolenherrscher Hulagu, einen Enkel Dschingis Khans, vollständig zerstört. Nach dem Wiederaufbau der Stadt wurde sie 1401 neuerlich von den Mongolen unter Timur Lenk verwüstet. Dabei wurden 90 000 Stadtbewohner getötet und ihre Köpfe zu „Schädeltürmen" vor den Stadttoren als Trophäen aufgeschichtet. Später kam Bagdad in die Gewalt der Perser. 1534 wurde es von den Osmanen unter Großwesir Suleiman Ibrahim Pascha erobert, fiel aber 1623 neuerlich an die Perser. In den folgenden Kämpfen wurde die Stadt fast völlig zerstört und entvölkert.

Eine Belagerung der Stadt durch die Türken unter Großwesir Hafiz Pascha (1627) scheiterte an dem Mut der berühmten „Todgeweihten Schar" von 1500 Persern. Erst Sultan Murad IV. konnte Bagdad 1638 den Persern entreißen, wobei es gründlich geplündert wurde. Unter türkischer Herrschaft fristete es bis zum Ende des Ersten Weltkriegs das Dasein einer vernachlässigten Provinzstadt. Große Pestepidemien und Überschwemmungskatastrophen forderten in den Jahren 1773 und 1831 mehr als hunderttausend Opfer.

Nach schweren Kämpfen gegen türkische und deutsche Truppen im Ersten Weltkrieg und der Eroberung durch die Briten im Jahr 1917 kam der Irak 1920 unter britische Mandatsherrschaft, bis er 1932 eine gewisse Selbständigkeit erhielt. 1958 wurde die Monarchie durch General Kassem abgeschafft. Seither ist Bagdad Hauptstadt der Rèpublik Irak.

SEHENSWÜRDIGKEITEN

Die modernen Stadtteile der Innenstadt mit den guten Hotels, Restaurants, Kinos und Nachtklubs erstrecken sich am linken Tigrisufer zu beiden Seiten des langgestreckten Stadtparks mit dem

Tahrir Square [1]. Der riesige Platz entstand nach 1940 durch das Niederreißen alter Stadtteile und zählt heute zu den verkehrsreichsten Plätzen des Landes. Überragt wird er von dem ungewöhnlichen *Freiheitsdenkmal (Liberty Monument)*, einer etwa 50 m langen, auf hohen Stützen befestigten Schauwand mit symbolischen Darstellungen in moderner Form.

BAGDAD
0
1
Kilometer
SULAIKH
KADHIMIYA
Al-Muhit St
Zahraplatz
Fair Street
Musa al-Kadhim Street
ADHAMIYA
R. GHIBA KHATUN
Faroug Street
Antarplatz
Sha'ab Street
Tigris
IMAM AL-ADHAM STREET
Maghrib St
WAZIRIYA
SHALCHIYA
Musa al-Kadhim Street
14TH JULY STREET
Nach Samarra und Mossul
Sarafiya Brücke
AIWADHIYA
JUMHURIYA STREET
Zubaidaplatz
Shaikh Omar Street
Kifah Street
Nahdhaplatz
HAIFA STREET
JU 'AIFIR
WASHASH CITY
14TH JULY STREET
Shaikh Maruf St
Nasr St
Street
Rashid
Khirr
ARMENIAN CAMP
Nach Tell Harmal
Nidhal Street
Street
Cairo
HAIFA STREET
DAMASCUS ST
14th July Street
AL-MANSUR CITY
Kindiplatz
Yafa Street
SAADUN STREET
Tigris
KHALID IBN AL WALID ST
Kher-Brücke
Kindi Street
HARTHIYA
KARRADAT MARYAM
Al-Kindi-Street
HAIFA STREET
14.-Juli-Brücke
Al-Mahai St
Nach Basra
Zum internationalen Flughafen
Al-Harith Street
Al-Hurriyaplatz

In der Nähe liegt auch die

***Nationale Kunstgalerie** [2], in der hauptsächlich Bilder und Skulpturen moderner und zeitgenössischer irakischer Künstler ausgestellt sind, darunter von Mohammed Ghani, Hafid al-Durubi, Faiq Hassan und Kadhum Haider. Im großen Ausstellungssaal werden auch jeden Monat Wanderausstellungen verschiedener arabischer Künstler gezeigt.

Wenn man von hier der *Kifah Street* nach Norden folgt, stößt man auf die

***Moschee Scheich Abdul Qadir al-Gailani** (auch *Abd el-Kadr Gailani)* [3]. Der im 12. Jahrhundert lebende Scheich war der Begründer der nach ihm benannten islamisch-orthodoxen Al-Gailani-Sekte, die heute vor allem in Pakistan und in Afrika noch große Anhängerscharen hat. Der Heilige starb 1165 in Bagdad und wurde hier begraben. Über seinem Grab errichtete man noch im 12. Jahrhundert eine große Kuppelmoschee, die aber 1543, nach der Eroberung Bagdads durch die Türken, von Sultan Süleyman dem Prächtigen vollkommen neu gestaltet wurde. Eine weitere Umgestaltung erfolgte im 17. Jahrhundert. Bemerkenswert sind vor allem die mit türkisfarbenen Fliesen ausgelegte und reich mit Arabesken verzierte Grabkuppel und die beiden osmanischen Minarette aus dem 17. Jahrhundert. Rund um den Innenhof liegen Galerien mit Aufenthaltsräumen für Pilger.

Die *Kifah Street* entstand 1938 durch das Schleifen alter Stadtviertel. Sie führt zum *Zubaida Square,* wo man links abbiegt zur *Jumhuriya Street* („Straße der Republik"). Hier besichtige man das

***Minarett Suk el-Ghasel** (auch *Suk al-Ghazil)* [4], das am Anfang des 10. Jahrhunderts errichtet wurde. Es gehörte zu der 902 bis 908 vom Kalifen Muktafi gegründeten Kalifenmoschee, die im 12. Jahrhundert erneuert, später aber von den Mongolen zerstört wurde. Erhalten blieb nur das Minarett, dessen Schaft mit Ziegelsteinornamenten geschmückt ist. Von dem umlaufenden Schriftband aus der Abbasidenzeit sind nur mehr Reste erhalten. Man beachte vor allem den auf einem Stalaktiten-Unterbau ruhenden Minarett-Umgang. Die dazu gehörige *Moschee* wurde vor wenigen Jahren neu erbaut.

Die hier beginnenden Suks (Märkte) bilden ein interessantes Gewirr von engen Gassen und Durchlässen, in denen man noch das charakteristische orientalische Marktleben beobachten kann. Etwas weiter südlich erhebt sich die

***Haidar-Khaneh-Moschee** [5], die in der ersten Hälfte des 19. Jahrhunderts unter dem Mamluken-Statthalter Daud Pascha (1817–1831) errichtet wurde. Die Moschee ist von einer gewaltigen Kuppel überwölbt.

Die hier verlaufende *Rashid Street* wurde 1916 angelegt und zählt wegen ihrer zahlreichen kleinen charakteristischen Handwerks- und Verkaufsläden und -galerien zu den für den Touristen interessantesten alten Straßenzügen der Stadt. Hier herrscht von früh bis spät ein unvorstellbares Verkehrsgewirr.

Nahe am Ufer des Tigris erhebt sich die

****Marjan-Moschee** [6], die im Jahre 1356 ursprünglich als Koranschule erbaut und erst später zur Moschee umgestaltet wurde. Sie ist eine der ältesten noch ursprünglich erhaltenen Moscheen und mit einem prächtigen Portal ausgestattet.

Nur wenige Schritte weiter liegt am Ende des Seidenmarktes in der Al-Samawal Street der

***Khan Marjan** [7]. Die Karawanserei (Herberge) wurde 1358 erbaut und seither mehrmals umgestaltet. Gut erhalten ist noch ein hohes, mit Inschriftenreihen geschmücktes Tor. Heute ist in dem Gebäude ein gemütliches Restaurant untergebracht. In der Nähe ist eine Ausstellung von Ausgrabungsgegenständen aus dem 9. bis 14. Jahrhundert, darunter Gefäße, Skulpturentafeln, Säulenbruchstücke und Stukkaturen aus Samarra (9. Jh.), der geschnitzte Sarkophag des Abbasidenkalifen Mustanser (13. Jh.), Tore und Minbar-Treppen alter Moscheen aus dem 13. und 14. Jahrhundert, Schmuckgegenstände, Teppiche und Stoffe, bemalte Tongefäße, Terrakottafiguren, Kupfer- und Bronzegegenstände, Waffen, Glasarbeiten und Mosaiken.

Sehenswert ist auch das nahe gelegene *Ethnographische Museum* mit einer Sammlung von historischen Kostümen und Trachten.

Nur wenige Schritte vom Flußufer entfernt erstreckt sich das alte *Basarviertel* der Stadt mit den charakteristischen, zur Straße hin offenen Werkstätten der Gold- und Silberschmiede, Teppichknüpfer, Seidenweber, Ziselierer, Schuhmacher, Schneider und anderer Handwerker. Als älteste und typischste werden der *Shorja-Basar* und der *Al-Safafeer-Basar* (Basar

Al-Mustansiriyeh

der Kupferschmiede) bezeichnet. Beide liegen in der unmittelbaren Umgebung der Marjan-Moschee (s. S. 41). Sehenswert ist hier auch die ehemalige Universität

****Al-Mustansiriyeh** [8]. Sie wurde im Jahre 1232 vom Kalifen Mustansir (Al-Mostanser) gegründet und besitzt einen großen *Innenhof* mit doppelstöckigen, zum Teil vermauerten Bogenarkaden und hohen, mit Stuckarbeiten geschmückten Iwanen (zur Hofseite hin offene Gebetshallen). Sie wurde vor wenigen Jahren restauriert und beherbergt ein kleines Museum.

In der Nähe liegt auch das sehenswerte *Baghdadi-Folklore-Museum.*

Von der *Shuhada-Brücke* („Siegesbrükke") [9] folgt man der nahe am Flußufer entlangziehenden Straße (Bücher- und Schreibwarenbasar), die – am Justizpalast, am Alten Serail und am Rathaus vorbei – zum

****Abbasidenpalast** [10] führt. Er steht an der Stelle der alten Zitadelle von Bagdad. Erhalten ist eine Palastruine aus dem Jahre 1179, die wegen ihres schönen Iwans, eines der bemerkenswertesten Beispiele der islamischen Baukunst dieser Zeit, Aufmerksamkeit verdient. Die Ruinen sind in jüngster Zeit restauriert und im ursprünglichen Stil erneuert worden. Heute ist hier eine historische Sammlung mit arabisch-islamischen Funden untergebracht (zur Zeit ist er nicht zugänglich).

Im nördlich angrenzenden Stadtviertel *Aiwadhiya* liegen das *Naturgeschichtliche Museum* [11], die *Arabische Nationalbibliothek,* zahlreiche Regierungsgebäude und Ministerien, Höhere Schulen und Hochschulen.

Lohnend ist auch eine Besichtigung des

Waffenmuseums *(Arms Museum)* [12], das eine große Zahl verschiedenartiger Waffen und Kriegsgeräte vom Mittelalter bis zur jüngsten Zeit enthält. Das Museum ist im *Bab el- Wastani*, dem einzigen noch erhaltenen alten Stadttor von Bagdad, untergebracht. Es stammt aus dem Jahre 1221. Ebenfalls hier zu sehen sind zwei kleine, maßstabgetreue Modelle der alten Kalifenstadt.

Etwa 300 m weiter westlich steht das

Grabmal Scheich Omar al-Sahrawardis [13], das wegen seines ungewöhnlichen Grabturms in der Form einer oben spitz zulaufenden Honigwabe bemerkenswert ist. Der von den Muslimen als heilig verehrte Scheich Omar wurde 1234 hier bestattet. Das Grabmal liegt in einem kleinen, von Mauern umschlossenen Muslimfriedhof. Als Europäer hat man zumeist Schwierigkeiten mit den strenggläubigen Aufsehern, das Grabmal zu betreten oder zu fotografieren.

Auf der *Imam al-Adham Street* (nördliche Verlängerung der Rashid Street) gelangt man mit dem Autobus oder Taxi vom Stadtzentrum rasch in den nördlichen Bezirk *Adhamiyeh* (Adhamiya) mit der

***Abu-Hanifa-Moschee** [14], die nach dem Stadtbezirk auch Adhamiyeh-Moschee genannt wird. Hier befindet sich das von den Sunniten hochverehrte Grabmal des Imams Al-Adham (auch Abu Hanifa), der im Jahre 767 starb. 1543 wurde die Moschee von Sultan Süleyman dem Prächtigen, 1638 von Sultan Murad restauriert. Die prachtvolle Kuppel und das Minarett stammen aus dem Ende des 17. Jahrhunderts. Sie sind im persischen Stil erbaut und mit blau-gelb glasierten und mit Ornamenten verzierten Fliesen bedeckt. Vor der Moschee liegt ein schöner kleiner Teich mit einer Insel und mehreren Springbrunnen. Neben der Moschee erhebt sich ein moderner Uhrturm.

Wenn man nun auf der *A'Imma-Brücke* [15] den Tigris überquert, gelangt man in den nördlichen Bezirk *Kadhimiya (Kadhimieh; Kadzimein),* wo am Ende eines breiten, von Palmen gesäumten Boulevards die

***Kadhimain-Moschee** [16] steht. Ihre goldenen Kuppeln und Minarette sind für den mit dem Flugzeug nach Bagdad reisenden Touristen ein eindrucksvolles Wahrzeichen, das lange vor der Landung den Blick des Passagiers auf sich zieht. Die sogenannte „Goldene Moschee" ist eines der größten Heiligümer der Schiiten; Nicht-Muslimen wird der Eintritt verwehrt. Die Moschee beherbergt die von Kuppeln mit vergoldeten Kupferplatten bekrönten Grabmäler des fünften und sechsten Imams (Nachfolger Mohammeds): Musa ibn-Jaffr (genannt Musa el-Kasum) und Mohammed el-Djarad. Die Grabmäler gehören zu den meistbesuchten Wallfahrtsorten der Schiiten.

Die im persischen Stil erbaute Moschee wurde zuletzt Mitte des 19. Jahrhunderts restauriert. Bemerkenswert sind – neben den Kuppeln und Minaretten – das reich verzierte und weit vorspringende Dach der Moschee, das von hohen Säulen getragen wird. Zahlreiche Bogenportale führen zu beiden Seiten des mit Spiegelstalaktiten verzierten hohen Hauptportals in den großen Gebetssaal.

Vor der Moschee, die mit einer zweistökkigen Mauer (an der Hofseite sind schöne Spitzbogenarkaden) umgeben ist, liegen zu beiden Seiten der Straße die Grabmäler der beiden Scheichs *Scherif-el-Razi* (die Grabkuppel ist mit glasierten Fayencefliesen bedeckt) und *Scherif-el-Murtasa.*

*

Von der am östlichen Tigrisufer liegenden Innenstadt Bagdads führen vier Brücken über den Fluß in die westlichen Stadtteile: die *Schuhada-Brücke* [9], die *Ahrar-Brücke* [17], die *Dschumhurija-Brücke* [18] und die *Bab-Muadham-Brücke.* Am westlichen Ende der Dschumhurija-Brükke liegen das Planungsministerium und das moderne *Parlamentsgebäude* [19]. Von der Schuhada-Brücke und der Ahrar-Brücke führen Hauptstraßen zum

*****Iraqi-Museum** [20]. Es ist eines der bedeutendsten archäologischen Museen der Welt und enthält Ausgrabungsstücke aus den wichtigen Ruinenstätten Mesopotamiens, die einen umfassenden Überblick über die Kulturen der Sumerer, Akkader, Babylonier, Assyrer, Parther, Seleukiden, Sassaniden und Araber geben. Aus dem 5. Jahrtausend v. Chr. stammen Tongefäße und kleine Statuetten aus Tell Halaf und Samarra. Das Fragment einer Säule und eine Basaltstele aus Uruk, mit der Darstellung einer Löwenjagd, stammen aus der Zeit um 3300 v. Chr. genauso wie die Keramiken und steinernen Gefäße von verschiedenen Fundstellen im Irak.

Andere bedeutende Ausgrabungsstücke sind sumerische Steinkrüge, Statuen und Kleinplastiken, ein sumerisches Basrelief, die weltberühmte „sumerische Harfe“ aus Ur, mit Einlegearbeiten aus Muscheln, Elfenbein und Lapislazuli, die Plastiken und Kleinstatuen des Gilgamesch als Stiertöter, Schmuckstücke aus den Königsgräbern von Ur (um 2700 v. Chr.), der Bronzekopf eines akkadischen Herrschers (um 2350 v. Chr.), verschiedene alte Siegelzylinder, assyrische Stelen, verschiedene Elfenbeinarbeiten u. v. a. (Ein Museumsführer in englischer Sprache ist am Eingang erhältlich.)

Vor dem Museum liegt der *Mat'haf-Platz* mit der Nachbildung des hohen Assyrischen Tores und einem modernen Steinbrunnen mit aufgetürmten Vasen, die jenen aus antiken Fundstätten nachgebildet sind.

Nicht weit vom Museum entfernt liegen der *Hauptbahnhof* [21], der alte *Flugplatz* [22] (der Internationale Flughafen liegt 17 km südwestlich der Stadt) und das

Grabmal der Zubaida [231, das der Legende nach die sterblichen Überreste der Lieblingsfrau des Kalifen Harun ar-Raschid enthält. Man nimmt aber an, daß es sich bei dem hier bestatteten Leichnam um die Frau des Kalifen Al-Mustadhi (12. Jh.) handelt. Das bienenstockartige Pyramidengrabmal wurde 1202 errichtet. Etwas weiter nördlich liegt ein großer Moslemfriedhof mit der sehenswerten *Grabmoschee des Scheichs Maruf al-Karkhi* [24].

In der westlichen Vorstadt *Al-Mansur City,* die von dem in den Tigris mündenden Fluß *Khirr* durchflossen wird, liegen die modernen Sportanlagen der Stadt und das *Messegelände* [25].

Interessant ist auch eine Bootsfahrt auf dem Tigris mit einem der vom Touristenministerium eingesetzten Ausflugsboote. Die Abfahrtsstelle liegt in der

Abu Nuwas Street [26]. Diese Straße folgt eine lange Strecke dem Tigris, von der Jumhouriya-Brücke bis zur Hängebrücke des 14. Juli. Sie ist benannt nach dem für seine Lebenslust bekannten Ab-

Mat'haf-Platz und Iraqi-Museum

basiden-Dichter, einem Freund und Vertrauten des Kalifen Harun ar-Raschid, als Bagdad sich auf der Höhe seiner Macht befand.

PRAKTISCHE HINWEISE

ⓘ Tourist Information Centre, Haifa Street, nahe beim Seddam Art Center; außerdem ein Informationsbüro am Internationalen Flughafen.

✈ Basra, Kuwait, Amman, Beirut, Kirkuk, Mossul u. a.

Karbela, Nasiriya, Basra, Khanaqin, Samarra, Kirkuk, Mossul, Ankara, Istanbul usw.

Agarguf, Ktesiphon, Tell Harmal, Basra, Kerbela, Kirkuk, Mossul und alle großen Städte des Landes; außerdem Amman, Kuwait u. a.

L „Al-Mansour Melia"; „Al-Rashid"; „Babylon Oberroi"; „Ishtar-Sheraton"; „Palestine-Meridien".

„Al-Hamra"; „Al-Qanat"; „Al-Sadeer Novotel"; „Bagdad"; „Palm Beach"; „Qasr Al-Khulafa"; „Qasr al-Mansour"; „Qasr al-Sinouber".

„Hatra", Al-Nidhal Street; „Ur", Abu Nuas Street; „Iraq", Al-Rashid Street; „Gilgamesh", Sadoun Street; „Carlton", Al-Nidhal Street.

Kupferschmied in Bagdad

„Shepherd", Al-Nidhal Street (Al-Fatah Square); „St. George", Al-Nidhal Street; „Al-Kuwait", Abu Nuas Street; u. v. a.

„Masbah" und Antar Square (nur zeitweise geöffnet). – Tourist Camping Site, Army Canal (zur Zeit nicht zugänglich).

AUSFLÜGE

***Tell Harmal** (10 km vom Zentrum Neu-Bagdad). Ausgrabungen in einer Gruppe von kleinen Erdhügeln lassen darauf schließen, daß sich hier vor etwa 4000 Jahren ein akademisches Zentrum befunden hat. Hier wurden nämlich mehr als 3000 Tontafeln mit rechtlichen und mathematischen Texten gefunden.

****Ktesiphon** (35 km). Das große Ruinenfeld am linken Tigrisufer wird vom *Taq i Kisra* („Bogen des Khosrow"), dem größten ungestützten Ziegelsteinbogen der Welt, beherrscht. Der Bogen ist der letzte erhaltene Rest eines ehemaligen Sassanidenpalastes aus dem 3. Jahrhundert n. Chr. Am gegenüberliegenden Flußufer liegen die Reste des hellenistischen *Seleukia (Slucia)*. In dem nur 2 km entfernt liegenden Ort *Salman Pak* gibt es gute Teestuben und Erfrischungslokale. In die sehenswerte Grabmoschee des schiitischen Heiligen Scheich Salman el-Farzi werden keine Nichtmuslime eingelassen.

***Agarguf** (30 km; *Aqar Quf*). Der westlich Bagdads am rechten Ufer des Saklawieh-Kanals liegende Ort steht an der Stelle des im 15. Jahrhundert v. Chr. vom Kassitenkönig Kurigalzu I., dem Hohepriester des babylonischen Gottes Enlil, gegründeten *Dur Kurigalzu*. Ausgegraben wurden ein weiträumiger Tempelbezirk, ein Palastkomplex und eine „Bibliothek" mit einer großen Sammlung von Inschriften-Tafeln. Sehenswert ist vor allem die immer noch 57 m hohe *Zikkurat* (Stufenturm), die man auf breiten Treppen besteigen kann.

***Habbaniya** (85 km). Der an der Hauptstraße nach Damaskus liegende Ferien- und Erholungsort ist der „Badestrand Bagdads". Er liegt am gleichnamigen Euphrat-Stausee und bietet ein lohnendes Tagesausflugsziel. Man kann dort schwimmen, Wasserski laufen, Boot fahren. Es gibt ein gutes Café-Restaurant und kleine Bungalows, die für 24 Stunden gemietet werden können. Die Anlage wird vom irakischen Touristenministerium verwaltet.

Route 1: Antakya (Türkei) – **Aleppo (Lattakia – Tartus) – Homs – ***Damaskus – Deraa (517 km)

Der Anfahrtsweg nach Syrien, Jordanien, dem Irak und den anderen arabischen Ländern führt auf der E-5 quer durch die Türkei bis nach Antakya (Antiochia; siehe Polyglott-Reiseführer „Türkei"). Dort kann man entweder über Lattakia und Tartus oder über Aleppo und Hama nach Homs weiterfahren, wo beide Straßen zusammenmünden und nach Damaskus weiterführen.

A: ÜBER LATTAKIA – TARTUS

Man verläßt *Antakya* im Süden auf der E-5 und fährt bei *Ordu,* 60 km, durch ein schönes Wald- und Bergland über die syrische Grenze (Grenzstadt: Kassab). Auf der EM-1 erreicht man nach kurzer Fahrt

***Ras Schamra,** die im 3. Jahrtausend v. Chr. von den Kanaanitern gegründete Stadt *Ugarit*, die um 1450 v. Chr. ihre Blütezeit erlebte. Man kann dort die Ruinen zweier Königspaläste, der Wohnviertel und des Tempelbezirks besichtigen. In Ras Schamra wurde eine große Menge von beschriebenen Tontafeln gefunden, darunter solche mit der ersten alphabetischen Schrift der Welt. Weitere Ausgrabungen stießen auf Spuren einer Besiedlung, die bis ins siebente vorchristliche Jahrtausend zurückreicht.

Nach 16 km erreicht man

Lattakia (205 000 Einw.), 123 km, den größten Seehafen Syriens. Obwohl die Stadt schon im 14. Jahrhundert v. Chr. gegründet wurde und unter den Griechen, Seleukiden, Römern und Byzantinern eine bedeutende Rolle spielte, sind fast keine Baudenkmäler aus dieser Zeit erhalten. Sehenswert ist der ausgezeichnet erhaltene *Tetrapylon* unweit der Kreuzung Port Said Street/Maysaloun Street, der zu Ehren des Kaisers Septimus Severus (2. Jh. n. Chr.) errichtet wurde. Er besteht aus vier Pfeilern, die einen wuchtigen Oberbau tragen. Der Bogen wurde über einer Straßenkreuzung erbaut.

⌂⌂ „Meridien" und „Côte d'Azur", 10 km nördlich. – ⌂⌂ „Al Syaha-wal", Jamal Abdul Nasser Street; „Al Gondoul", J. A. Nasser Street; „Venice", Al-Azmeh St.

⌂ Einfache Hotels. – △ Al Lagein Street.

△ „Joul Jamal", Al-Amaneh; „Aphamia", Al-Amaneh; „Al Shateh Al Azrak", Ibn Jani.

Ein Abstecher von Lattakia führt auf der N-30 über *Haffeh* bergan zu der etwa 30 km östlich liegenden

***Burg Sahyun** (10.–12. Jh.), die von den Byzantinern erbaut und von den Kreuzrit-

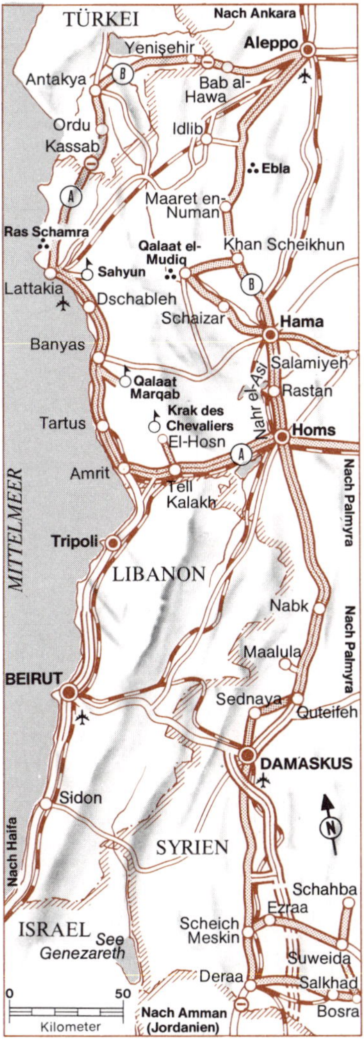

tern vergrößert wurde. Nach ihrem Eroberer wird die Burg häufig auch „Saladin-Festung“ (Qalaat Salah ed-Din) genannt. Im 13. und 14. Jahrhundert wurde sie von den Arabern verstärkt. Sie zählt zu den schönsten und besterhaltenen Festungen des Mittelalters. Man beachte vor allem die gewaltigen Türme, das arabische Bad und den riesigen, in den Felsen geschlagenen Burggraben, über den eine Ziehbrücke führte.

Weiter auf der EM-1 nach

Dschableh (14 000 Einw.), 152 km, dem antiken *Gabala.* Hier findet man die eindrucksvollen Ruinen eines römischen Theaters. Sehenswert ist auch die Sultan-Ibrahim-Moschee.

Von *Banyas,* 178 km, das unter den Kreuzrittern als Fürstentum *Valenia* bekannt war, führt eine 11 km lange, steile aber asphaltierte Straße zur

***Qalaat Marqab.** Die arabische Burg aus dem 11. Jahrhundert war im 12. Jahrhundert ein wichtiger Stützpunkt der Kreuzritter. Sie ist von zwei starken Mauerringen umgeben und besitzt noch gut erhaltene Türme und Bastionen und die Reste einer Kreuzfahrerkapelle aus dem 12. Jahrhundert.

In den umliegenden Bergen liegen zahlreiche weitere (zum Teil schwer zugängliche) arabische Burgen wie *Qalaat al-Kahf, Qalaat Ammar* und *Qalaat Qsaybeh.*

Die Straße führt nun nahe an der Küste weiter nach

Tartus (30000 Einw.), 215 km, einem wichtigen landwirtschaftlichen Zentrum mit kleinem Hafen, an der Stelle des antiken *Antardos.* Hauptsehenswürdigkeiten sind die aus der Kreuzfahrerzeit stammende prachtvolle Kathedrale ***Notre Dame de Tortose* (sie dient heute als Museum) und die Festung der *Tempelritter,* beide aus dem 12. und 13. Jahrhundert.

Mit dem Motorboot kann man sich zur vorgelagerten Insel *Ruad* fahren lassen, von wo aus man einen schönen Blick auf die Stadt und die sie umgebenden Berge hat. Die Insel wurde schon im 2. Jahrtausend v. Chr. besiedelt und war im Laufe ihrer Geschichte immer ein wichtiger Flottenstützpunkt. Aus antiker Zeit sind nur mehr Säulenbruchstücke erhalten. Unter den Arabern wurde die Insel befestigt.

Lohnend ist ein Abstecher in das 400 m hoch in den Bergen gelegene *Safita* mit dem Chastel Blanc genannten Befestigungsturm (Donjon) der Kreuzritter. 🏨🏨 „Shahin“.

Man verläßt Tartus im Süden und biegt kurz nach der Stadtausfahrt ab nach dem Ruinenfeld (Fotografierverbot) von

***Amrit,** der alten phönizischen Stadt *Marathus,* die zum Teil in den Felsen gehauen war. Man sieht u. a. ein Mausoleum (5 Minuten Fußweg links abseits der Straße zum *Bordsch el-Bezzak)* und den Unterbau eines einstigen Grabdenkmals (4. Jh. v. Chr.) und 2 km weiter zwei zylinderartige Grabmäler aus der gleichen Zeit, die von den Einheimischen Maghazil („Spindeln“) genannt werden.

Nördlich davon sieht man ein ganz in den Felsen gehauenes Haus und 2 km weiter die Reste eines großen antiken Heiligtums, das von den Arabern „El Maabed“ genannt wird.

15 km nach Amrit biegt man links auf die nach Homs führende neuausgebaute ME-3 ab. Links abseits der Straße erhebt sich auf einem Hügel die alte Kreuzfahrerburg Arima (*Qalaat el-Arayme*).

Bei *Tell Kalakh,* 266 km, sollte man unbedingt den Abstecher zu dem 18 km entfernten, auf dem 755 m hohen Dschebel Khalil liegenden

****Krak des Chevaliers** (arab. *Qalaat el Hosn*) unternehmen. Die Kreuzritterburg (12. und 13. Jh.) zählt zu den besterhaltenen Burgen ihrer Zeit und bietet so ein einzigartiges Beispiel mittelalterlicher Festungsbaukunst. Sie besitzt zwei mächtige Mauerringe mit 13 Türmen und Basteien, prächtig erhaltene Rittersäle (13. Jh.) mit Kreuzgrat- und Spitzbogen-Tonnengewölben, überwölbte Wehrgänge und eine schöne Burgkapelle (12. Jh.)

🏨 „Al-Riad“, Route Mon. St-George.

Von *El-Hosn* ist ein Abstecher zum *St.-Georgs-Kloster* (bei Mar Marita) empfehlenswert. Es wurde von Kaiser Justinian gegründet und besitzt in seiner unterirdischen Kapelle noch gut erhaltene Tafelbilder aus dem 13. Jahrhundert.

Wieder auf der ME-3, erreicht man kurz nach dem Überqueren des *Nahr el-Asi* (des antiken *Orontes*-Flusses) die Stadt

Homs, 310 km, siehe unten.

B: ÜBER ALEPPO – HAMA

Man verläßt Antakya im Osten auf der EM-5, überquert bei *Yenişehir* die syrische Grenze und gelangt kurz darauf nach *Dana,* 53 km, wo sich Abstecher zu den Ruinenstädten *Refadah* und *Qaturah* sowie zum *Simeonskloster* (s. S. 37) bzw. nach *Qalb Lozeh* (s. S. 38) lohnen. Bei *Urum as-Sughra,* 70 km (von hier aus sind es noch 23 km nach Aleppo, s. S. 33), biegt die Hauptstraße rechts ab nach Hama und Homs.

Maaret en-Numan (17 000 Einw.; *Maarat ann'Nu'Man),* 134 km, ist eine charakteristische Marktstadt mit überwölbten Basargassen, einer großen Karawanserei (16. Jh.), einer alten Koranschule (12. Jh.) und der Ruine einer alten Zitadelle aus der Kreuzfahrerzeit. Sehenswert ist das Minarett (12. Jh.) der Großen Moschee. Die Stadt ist auch die Heimat des berühmten arabischen Dichters Abu el-Maarri (11. Jh.), der hier bestattet ist.

In der Nähe der Stadt liegen zahlreiche antike und früh-arabische Ruinenstätten, die als die „Toten Städte Nordsyriens" bekannt sind. Dazu gehören *Al-Dana, Kafr Ruma, Kafr Nabil, Al-Bara, Firkaya und Rueyha,* die man – auf zum Teil nicht gerade guten Landstraßen – erreichen kann.

Bei *Khan Scheikhun,* 159 km, wo man Reste von Siedlungen aus dem 15. und 10. Jahrhundert v. Chr. ausgrub, lohnt ein Abstecher zu der etwa 25 km westlich liegenden Ruinenstadt

***Qalaat el-Mudiq,** dem griechischen und römischen *Apameia.* Auf einem Erdhügel sind noch gut erhaltene Reste der alten Befestigungsanlagen zu sehen. Die antike Ruinenstadt selber liegt etwas weiter nördlich am rechten Ufer des *Nahr el-Asi* (Orontes).

Man kann nun von hier aus über *Schaizar* mit seiner prächtigen mittelalterlichen Araberfestung weiterfahren nach

***Hama** (170 000 Einw.), 198 km, einer der ältesten Städte des Orients. Schon im 2. Jahrtausend v. Chr. erlebte die Stadt eine Blütezeit; um 1550 v. Chr. war sie die Hauptstadt der Mitanni, um 1100 v. Chr. der Aramäer. Es folgten die Hethiter, Assyrer, Seleukiden, Römer und Byzantiner. Im 7. Jahrhundert n. Chr. wurde die Stadt arabisch, im 14. Jahrhundert geriet sie in die Hände der Mamluken. Antike Baureste konnten am ehemaligen Zitadellen-Hügel freigelegt werden. Die hier gefundenen Ausgrabungsstücke sind in den Nationalmuseen von Damaskus und Aleppo zu sehen.

Wasserrad in Hama

In der Stadt verdienen vor allem die riesigen Wasserschöpfräder („Noria") am Nahr-el-Asi (Orontes) Beachtung. Der *Azempalast,* die *Omaijadenmoschee,* das *Museum* und die *Nuri-Moschee,* die infolge religiöser Unruhen zerstört waren, sind kürzlich renoviert worden und wieder zugänglich. – 🏨 „Afamia Cham Palace".

Lohnend sind Abstecher über *Salamiyeh* zu der arabischen Burgruine *Qalaat asch-Schamamis* (12. Jh.) bzw. nach *Qasr Ibn-Wardan* (56 km) und *El-Anjarin* (71 km) mit eindrucksvollen byzantinischen Bauresten aus dem 6. Jahrhundert.

Weiter auf der Straße EM-5 über *Rastan,* das antike *Arethusa,* dessen Häuser aus schwarzem Basalt sich malerisch einen Berghang hinaufziehen, nach

Homs (300000 Einw.), 245 km, einem landwirtschaftlichen und Industriezentrum (Ölraffinerien, Zuckerfabriken) des Landes. Zu den Sehenswürdigkeiten gehören die *Khaled-Ibn-Walid-Moschee,* ein schöner Zentralkuppelbau mit dem Grab des Kalifen Ibn-el-Walid, des arabisch-islamischen Eroberers von Syrien im Jahre 636, die *Syrische Kirche,* die den „Gürtel der heiligen Maria" birgt, der 1953 unter dem Kirchenaltar gefunden wurde, und die Reste der mittelalterlichen *Zitadelle* und Stadtmauer.

ℹ Tourist Information Office, Abu al-Aruf Street.

🚂 Tell Kalakh, Beirut, Aleppo u.a.

🚌 Hama, Palmyra, Damaskus, Aleppo, Tartus, Lattakia u. a.

🏨 „Grand Hotel Homs"; „Safir Hotel". 🏨 „Raghdan"; „Basman al-Jadid". 🏨 Über 20 Hotels. – ⛺ Boy Scouts Hq.

Etwa 12 km westlich von Homs liegt der etwa 8 km lange und 4 km breite „See von Homs", ein Staubecken des Orontes mit reichem Fischbestand. Lohnende Ausflugsfahrten führen von Homs zum *Krak des Chevaliers* (s. S. 46), zum 20 km nordöstlich liegenden *Muschrifeh,* wo man die Fundamente der sumerischen Stadt *Qatna* freilegte und nach dem 155 km von Homs entfernten Palmyra, einer der eindrucksvollsten Ruinenstätten des Orients.

***PALMYRA.** Die schon im 2. Jahrtausend v. Chr. von Kanaanitern, später von Aramäern besiedelte Stadt wurde im Jahre 64 v. Chr. römisch. In den Jahren von 262 bis 264 erlebte die Stadt unter Fürst Odeinat, der von den Römern den Titel „Dux" und „Imperator" erhielt, eine Glanzzeit. Ihm folgte 266 seine Witwe Zenobia, die Palmyra zu einer der prunkvollsten Städte der damals bekannten Welt machte. Sie nahm den Kampf gegen Rom auf, wurde aber im Jahre 271 von Kaiser Aurelian geschlagen, der die Stadt kurz darauf zerstören ließ.

Man beginnt die Besichtigung am zweckmäßigsten vom *„Hotel Zenobia"* [1] (gutes Erfrischungslokal) aus, dem der *Baal-Schamin-Tempel* [2] gegenüberliegt. Er wurde um 130 n. Chr. erbaut und ist besonders gut erhalten. Man folgt nun der breiten Straße zum *Triumphbogen* [3] aus der Zeit um 130 n. Chr., der mit seinen drei Durchgängen das Wahrzeichen Palmyras ist.

Nur wenige Schritte weiter liegt auf einer erhöhten, 225 m langen Terrasse der *Baal-Tempel* [4]. Die Kolonnaden entstanden zwischen 100 und 150 n. Chr. Die Basreliefs und die Dekorationen an den Säulen und Wänden sind noch gut erhalten. Vor dem Tempel errichteten die Araber im 12. Jahrhundert eine befestigte Bastei. Vom Triumphbogen folgt man nun der von bis zu 10 m hohen Säulen gesäumten Straße zum *Theater* [5], mit ausgezeichnet erhaltenem Bühnenraum aus der ersten Hälfte des 2. Jahrhunderts. Etwas weiter westlich liegt die *Agora* [6], der ausgedehnte öffentliche Marktplatz, der ursprünglich von Säulengängen und vier Portiken umgeben war. Im Westen schließt ein kleiner *Tempel* [7] an, dessen Saal möglichweise für liturgische Opfermahlzeiten diente. Ein kleiner Feueraltar ist noch erhalten. Vom nahen *Tetrapylon* [8] sind nur mehr die vier restaurierten Säulen erhalten. Die breite Kolonnadenstraße führt von hier bis zum *Grabtempel* [9] aus dem 3. Jahrhundert, von dessen Peristyl noch sechs Säulen stehen. Dahinter sieht man die Reste der *Stadtmauer Justinians* mit einer Reihe von *Turmgräbern.* Etwas weiter südlich erstreckt sich das *Lager des Diokletian* [10] mit den Bauresten der *Porta Praetoria* und eines Tempels.

Am Fuß des Hügels *Umm Balqis* liegen das *Hausgrab des Ailami* [11] und das *Turmgrab des Yambliko* [12] aus dem Jahre 83 n. Chr., von dessen ursprünglich fünf Stockwerken noch vier erhalten sind. Südlich des Aquädukts zieht sich das „Tal der Gräber" nach Westen. Hier findet man zahlreiche Turmgräber, Hausgräber und unterirdische Gräber, deren Statuenschmuck und Basreliefs zum größten Teil in den Museen von Aleppo und Damaskus zu sehen sind. Die ursprünglich dem Sonnengott geweihte *Efqa-Quelle* [13] war im 2. und 3. Jahrhundert eine bedeutende Kultstätte.

Im *Khan* [14] neben dem Baal-Tempel befindet sich eine volkskundliche Sammlung, und im angrenzenden Ort *Tadmor* kann man im *Museum* [15] Ausgrabungsfunde aus Palmyra sehen.

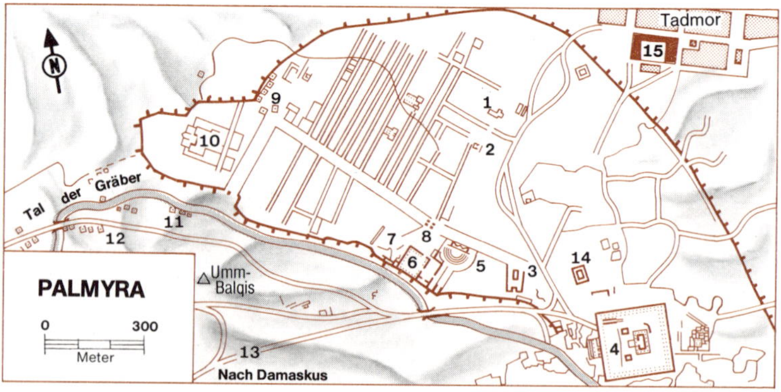

Ein steiler Aufstieg (vom Hotel „Zenobia“ 45 Minuten) führt zu dem Palmyra überragenden arabischen *Kastell,* das im 16. Jahrhundert von dem Drusenemir Fakhr-ed-Din errichtet wurde und einen herrlichen Ausblick auf die Ruinenstadt und über die Syrische Wüste bietet.

Wenn man Zeit hat, lohnen auch die zahlreichen anderen Ruinenstätten der Syrischen Wüste, wie *Qasr al-Hir al-Gharbi, Khan al-Hir, Kharbaqa, Khirbet en-Nabaa, At-Taybeh,* einen Besuch. Genaue Auskünfte über die dorthin führenden Pisten hole man vor Fahrtantritt vom Touristenamt in Homs oder Damaskus ein.

🏨 „Cham Tadmor“; „Zenobia“.

*

Die EM-5 führt von Homs über *Nabk* (Nebek) und *Quteifeh* weiter (an beiden Seiten der Straße führen Abzweigungen zu Ruinenfeldern) nach

*****Damaskus,** 412 km, siehe Seite 25. Nun weiter auf der EN-5 über *Sanamein* (Sanamayn, 464 km), mit Bauresten der römischen Stadt Aere, nach

Scheich Meskin *(Schaykh Miskin),* 491 km, wo ebenfalls noch römische Ruinen zu sehen sind. Von hier aus lohnt sich der Abstecher auf der N-109 über *Ezraa* (byzantinische Georgskirche von 410) nach *Schahba* (s. S. 32), nach *Suweida* (s. S.32), nach *Salkhad* (arabische Zitadelle aus dem 13.Jh. auf einem erloschenen Vulkan), zu den antiken und byzantinischen Ausgrabungsstätten im *Dschebel el-Drus* (s. S. 32) und nach

****Bosra.** Um das gut erhaltene römische Theater bauten die Araber im 13. Jahrhundert eine mächtige Zitadelle (interessantes Museum). Aus der Römerzeit stammen auch das westliche Stadttor (Bab el-Hawa), ein dreifacher Triumphbogen, Ruinen von Thermen und anderen Bauten. Sehenswert sind ferner die im 12. Jahrhundert erneuerte Omar-Moschee, die Fatmeh- (Fatima-) Moschee (12.Jh.), die Reste einer byzantinischen Basilika (6. Jh.), alte Karawansereien. Eine Landstraße führt direkt nach Deraa.

🏨 „Bosra Cham Palace“.

Man verläßt *Scheich Meskin* (siehe oben) im Süden und fährt auf der EM-4 weiter nach

Deraa (30 000 Einw.), 517 km, der syrischen Grenzstadt zu Jordanien. Beachtenswert sind am südöstlichen Stadtrand die Reste einer großen Moschee aus dem 13. Jahrhundert.

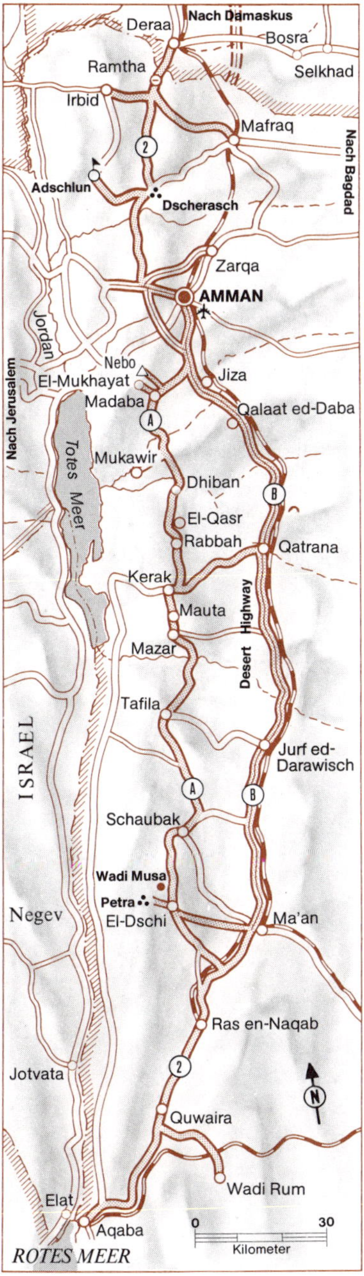

1

Route 2: Deraa – **Dscherasch – Amman – ***Petra – *Aqaba (514 km)

Der hier beschriebene Weg ist die Fortsetzung der Route 1 für Reisende, die auf dem Landweg über Syrien nach Jordanien fahren. Von *Deraa* (s. S. 49) sind es nur wenige Fahrminuten zur jordanischen Grenzstadt *Ramtha,* 6 km. Man folgt der Nationalstraße 15 nach Süden, die kurz nach Ramtha von der Straße 16 gekreuzt wird: diese führt rechts (westlich) in die moderne Stadt *Irbid* (63 000 Einw.), den Ausgangspunkt für Ausflüge zu den römischen Ruinenstätten *Beit Ras* und *Umm Qais* (Palast- und Tempelruinen, durch Olivenhaine führende Säulenstraßen), und rechts (südöstlich) nach *Mafraq,* dem Ausgangspunkt für eine Fahrt zu dem antiken (nabatäischen, byzantinischen) Ruinenfeld von *Umm el-Dschemal.*

Auf der Nationalstraße 15 erreicht man

****Dscherasch** *(Jerash),* 42 km, das römische *Gerasa,* das zu den besterhaltenen Ruinenstädten des Nahen Ostens zählt. Die im 4. Jahrhundert v. Chr. gegründete Stadt wurde 63 v. Chr. durch Pompejus eingenommen und erreichte im 3. nachchristlichen Jahrhundert, nach der Zerstörung ihrer Rivalin Palmyra, ihre Blütezeit. Im 6. Jahrhundert entstanden hier mehrere byzantinische Kirchen, die später von den Persern und 635 von den Arabern zerstört wurden.

Man betritt die Ruinenstadt im Süden beim staatlich geleiteten *Rasthaus* [1] und

sieht hinter dem mit 56 Säulen eingefaßten ***Forum* (1. Jh. n. Chr.) auf einem Hügel die Reste des *Zeustempels* [2] aus dem 2. Jahrhundert n. Chr. Dahinter liegt das ***Süd-Theater* [3] mit reich geschmückter Bühnenwand und 32 Stufen, die 5000 Zuschauern Platz boten.

Am Forum beginnt die 600 m lange Hauptstraße der Stadt, die früher durch Gänge mit ionischen und korinthischen Säulen (einige sind noch erhalten) begrenzt war. Vom *Süd-Tetrapylon* [4], blieben nur die Basen erhalten. Links führt eine Nebenstraße zu den Kirchenruinen *St. Peter und St. Paul* [5], *St. Damianus, St. Georg, St. Johannes* [6], *St. Genesius* [7] und zur ehemaligen *Synagoge* [8]. Weiter auf der Hauptstraße, stößt man auf das **Nymphäum* [9], einen halbkreisförmigen Brunnen (2. Jh. n. Chr.), kurz darauf rechts auf die Reste der *Propyläen-Kirche* [10]. Links führt eine prächtige Freitreppe zu dem ***Tempel der Artemis* [11], einem Gebäudekomplex mit Umfassungsmauern, Höfen, Säulengängen und einer Kapelle. Mehrere der 14 m hohen Säulen sind heute noch erhalten. Bekannt ist die „Flüsternde Säule", die eigenartige Geräusche hervorbringt, wenn man das Ohr dicht an sie preßt. Etwas weiter nördlich liegen die *Westlichen Bäder* [12], eine gut erhaltene Thermenanlage (2. Jh.), die ursprünglich einen großen und zwei kleinere Säle umfaßte, die mit Kuppeln bekrönt waren. Die *Östlichen Bäder* [13] liegen außerhalb des Ruinenfeldes, am Rande der modernen Stadt Dscherasch.

Vom *Nord-Tetrapylon* [14] führt links ein Weg zum **Nord-Theater* [15], das zur Zeit restauriert wird.

Östlich der Ruinenstadt kann man noch die *Kirche der Propheten, Apostel und Märtyrer* [16] und – am Ostende der alten Stadtmauer – die Reste der *Procopius-Kirche* [17] besichtigen. Im Süden der Stadt (Zufahrtsweg von der Hauptstraße links) verdient der hinter dem

Hippodrom [18] stehende *Triumphbogen* [19], ein zu Ehren Kaiser Hadrians 129 n. Chr. errichtetes Monument mit drei Toren, besondere Beachtung.

Von Dscherasch kann man einen Abstecher zu der etwa 18 km westlich auf einem 1240 m hohen Berg thronenden Araberburg *Adschlun (Ajlun)* aus dem 12. Jahrhundert (im 16. und 19. Jh. restauriert)

unternehmen. Man hat von dort einen herrlichen Ausblick über das Jordantal bis nach Jerusalem.

Nach kurzer Fahrt erreicht man auf der Nationalstraße 15 die Hauptstadt

Amman, 102 km, siehe Seite 22.

Die Weiterfahrt nach *Petra* erfolgt auf der Straße 49 („King's Highway") über Madaba und Kerak oder auf der Nationalstraße 15 („Desert Highway"), die parallel zur Hedschasbahn verläuft.

A: AUF DEM KING'S HIGHWAY

Man verläßt Amman im Süden und erreicht nach kurzer Fahrt

****Madaba** (30 000 Einw.), 134 km, wo vor allem die griechisch-orthodoxe *Georgskirche* sehenswert ist. Sie wurde um 1880 an der Stelle einer alten Basilika erbaut. Bei Grabungsarbeiten wurden prächtige Mosaiken aus dem 6. Jahrhundert freigelegt, darunter die berühmte Mosaik-Landkarte von Palästina und Jerusalem. Interessante alte Mosaiken und römische Ausgrabungsfunde kann man auch in der Apostelkirche (heute Museum) sehen.

Ein lohnender Abstecher führt auf den 10 km nordwestlich liegenden

***Berg Nebo,** von dem aus Moses das Land Kanaan überschaut haben soll, ehe er starb. Der Ausblick reicht weit über das Jordantal und das Tote Meer, an klaren Tagen bis nach Jerusalem. Erhalten sind hier noch die byzantinischen Kirchen- und Klosterruinen von ***Syagha*.

Nur wenige Fahrminuten entfernt liegt *El-Mukhayat,* wo der Mosaikfußboden einer Kirche aus dem 6. Jh. erhalten ist.

Von Madaba in westlicher Richtung führt eine Straße nach *Zarka Main* – wie schon zu römischer Zeit ein Kurbad mit heißen Mineralquellen. – 🏨 „Zarka Main Spa".

Südlich von Madaba führt eine schmale Straße nach *Mukawir* zur Ruine des Herodespalastes. Hier sollen der Tanz der Salome und die Enthauptung Johannes' des Täufers stattgefunden haben.

Wieder auf dem King's Highway über die Moabiter-Berge, vorbei an *Dhiban* (biblisches *Dibon,* Hauptstadt der Moabiter) und durch das eindrucksvolle *Wadi Mujib* (mit römischen Meilensteinen aus dem Jahre 106 n. Chr.) nach El-Qasr (nabatäische Tempelruinen), Rabbah (römische und byzantinische Ausgrabungen) und

***Kerak** (1010 m; 8000 Einw.), 227 km. Die Stadt ist vor allem wegen ihrer Kreuzfahrerburg (12. Jh.) mit Bergfried, Burggraben, Wachtturm, Gewölbehallen, Rittersälen, Ställen und einer Kapelle sehenswert. – 🏠 „Government Rest House".

2

Weiter über *Mauta* und *Mazar,* wo im Jahre 632 die ersten Schlachten zwischen byzantinischen und arabischen Truppen stattfanden (in *Mazar* befindet sich die Grabmoschee des 632 hier gefallenen arabischen Heerführers Jaffar Ibn Abi Taleb), über *Tafila* nach

***Schaubak** *(Shobak),* 376 km. Der von den Kreuzrittern Montréal benannte Ort besitzt noch die ausgezeichnet erhaltenen Umfassungsmauern und Tore der unter Balduin I. erbauten Zitadelle (1115), die 1189 von Saladin erobert und im 14. Jahrhundert von den Mamluken erneuert wurde.

Nach der Quelle *Wadi Musa* („Mosesbrunnen"), 405 km, erreicht man den malerisch gelegenen Ort *El-Dschi (El Dji),* den Ausgangspunkt für die Besichtigung von *Petra* (s. u.).

B: AUF DEM DESERT HIGHWAY

Man verläßt Amman auf der Nationalstraße 15 und fährt durch eine karge Wüstenlandschaft über *Qalaat ed-Daba* und *Qatrana,* 188 km, von wo aus man einen Abstecher nach *Kerak* (siehe oben) unternehmen kann, weiter über *Jurf ed-Darawish,* 258 km, und *Uneiza* nach *Ma'an,* 318 km, das inmitten einer Oase liegt. Interessant sind die terrassenförmig angelegten Lehmhäuser. Man biegt jetzt rechts ab nach *Wadi Musa,* 371 km (siehe oben). Eine Fahrstraße führt nur bis zum staatlichen Rasthaus und zum 1983 fertiggestellten Hotel „Forum". Von dort erreicht man nach einem gut halbstündigen Marsch durch einen Engpaß (Grabhöhlen in den Sandsteinfelsen), die bis zu 100 m hohe und nur wenige Meter breite Schlucht *Es-Siq,* den Haupteingang zu der nabatäischen Felsenstadt Petra, 378 km.

*****Petra** ist eine der großartigsten Ruinenstädte der Welt. Beim staatlichen Rasthaus am Eingang zahlt man die Eintrittsgebühr, hier können auch Führer und Pferde gemietet werden. Das Areal umfaßt 40 km^2, für die gründliche Besichtigung braucht man wenigstens drei bis vier Tage.

Das wegen der eigentümlichen Farbe der Felsen und seiner Bauwerke auch „rosarote Stadt" genannte Petra erlebte unter den Königen Aretas II., III. und IV. (110

v. Chr. bis etwa 40 n. Chr.) eine Blütezeit. In dieser Zeit entstanden die prachtvollen, in die Felsen gehauenen Grabtempel. Unter den Römern verfiel die Stadt. Sie wurde erst 1812 wiederentdeckt.

Am Ende der eindrucksvollen Schlucht ****Es-Siq** [1] erblickt man die riesige, aus rosa Sandstein herausgearbeitete und reich mit Säulen, Skulpturen, Blumenornamenten und Statuen geschmückte Fassade des (fälschlich) ****Schatzhaus des Pharaos* [2] (arab. *Khaznet Firaun)* genannten Grabtempels, der vermutlich einem nabatäischen König geweiht war. In der sich langsam erweiternden Schlucht gewahrt man kurz darauf links das in den rosa Felsen gehauene **Theater* [3], weiter rechts mehrere Gräber am Felsabhang, darunter das **Urnengrab* [4], das **Korinthische Grab* [5], das riesige, dreistöckige **Palastgrab* [6] und das *Florentinus-Grab* [7]. Nun führt der Weg weiter in das eigentliche *Stadtzentrum* [8] mit den Resten eines Palastes, eines Temenosbogens, eines Nymphäums, von Tempeln, Thermen und anderen Bauten. Besondere Beachtung verdienen der **Qasr al-Bint(al-Firaun)* [9] genannte Grabtempel (1. Jh. n. Chr.) und der *Löwen-Greifen-Tempel* [10].

Zu den anderen sehenswerten Bauten gehören der *Hohe Opferplatz* [11], das *Gartengrab* [12], das *Statuen-Mausoleum* [13], der *Bunte Saal* [14], die *Akropolis* [15] mit Museum, das *Löwengrab* [16], das 42 m hohe Prunkgrab ***Ed-Deir* [17] („Kloster") und das *Schlangengrab* [18].

🏨🏨 „Flowers", „Petra Forum", „Petra Palace", „Sunset" (alle in Wadi Musa).
🏠 „Rest House" (Wadi Musa).

Die Weiterfahrt erfolgt über *Ras en-Naqab*, 431 km, auf der Straße 53, die durch eine ungemein eindrucksvolle Felslandschaft führt. Hinter *Quwaira*, 463 km, lohnt sich der Abstecher zu dem Erosionstalbecken von

***Wadi Rum,** das früher vom Meer bedeckt war und jetzt mit schwarzen und rötlichen, eigentümlich geformten Felsgruppen, die aus dem Sand aufragen, übersät ist. Hier steht das durch Oberst Lawrence (s. S. 54) berühmt gewordene zweitürmige „Beduinenfort" des Desert Camel Corps. In der Nähe ist die Ruine eines nabatäischen Tempels zu sehen.

Die Straße 53 führt weiter nach

****Aqaba** (40 000 Einw.), 514 km, Jordaniens einzigem Seehafen am Roten Meer. Gleichzeitig ist Aqaba mit seinem 17 km langen Sandstrand, der sich bis zur Grenze Saudi-Arabiens hinzieht, zu jeder Jahreszeit ein Sportzentrum, das Fischen, Schwimmen, Wasserskilauf, Tauchen und Fahrten in Booten mit durchsichtigen Glasböden ermöglicht. Das Sammeln von Muscheln und Korallen sowie Unterwasserjagd sind hier verboten.

Die Klarheit des Wassers bietet herrliche „Tiefblicke" in die einzigartige Korallenwelt. Kleine Motorboote verkehren zu vorgelagerten Inseln. Prachtvoll ist der Blick auf die Bergketten der Halbinsel Sinai, auf Elat und auf die Küste Saudi-Arabiens.

🏨🏨 L „Aqaba Gulf Hotel".
🏨🏨 „Holiday Inn". – 🏨 „Al Cazar"; „Aqaba Tourist House"; „Aquamarina"; „Coral Beach"; „Miramar"; „Read Sea".
🏠 „Aqaba"; „Palm Beach". – ⛺.

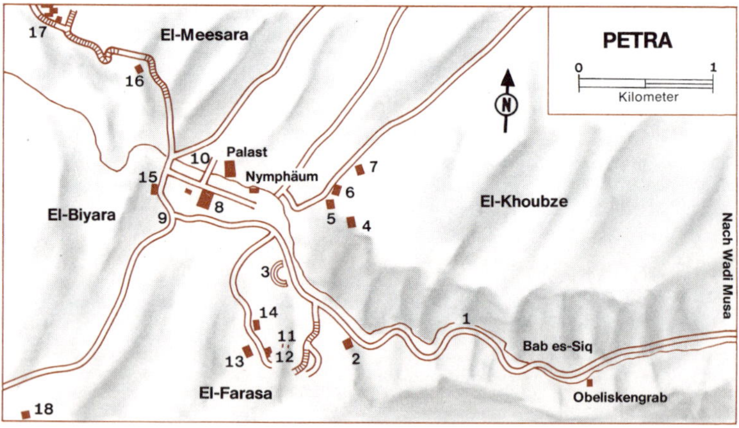

Route 3: Rundfahrt Amman – *Qasr el-Muschatta – *Qasr el-Kharana – **Qasr Amra – *Qasr el Azraq – Qasr el-Hallabat – Amman (246 km).

2

3

Diese Rundfahrt führt durch die sogenannte Nordostwüste (Northeast Desert), die im Ersten Weltkrieg durch die Kämpfe der Araber unter der Führung des englischen Obersten T. E. Lawrence gegen die Türken historische Bedeutung erlangte. Sie war der Schauplatz zahlreicher erbitterter Schlachten.

In dieser Wüste liegen im Umkreis von etwa 90 km eine Reihe sehenswerter arabischer Wüstenschlösser, die lohnende Ausflugsziele sind. Man kann die nachfolgend beschriebene Rundfahrt als Tagesausflug (auch mit einem der zahlreichen Reisebüros) unternehmen oder als Zweitagesfahrt, mit einer Übernachtung im staatlichen Rasthaus („Gouvernment Rest House") von Azraq (man erkundige sich vor Fahrtantritt beim Touristenamt, ob es geöffnet ist).

Seit 1984 sind die Wüstenschlösser durch eine gute Asphaltstraße mit der jordanischen Hauptstadt verbunden, Qasr Amra ist auch auf einer Wüstenpiste zu erreichen.

Man verläßt *Amman* (s. S. 22) auf dem *Desert Highway* (Straße Nr. 15) und biegt nach etwa 22 km links ab auf die lange Zufahrt zu dem in der Nähe des Flughafens gelegenen

***Qasr el-Muschatta.** Von dem im 8. Jahrhundert erbauten arabischen Schloß sind nur mehr Ruinen erhalten. Ungewöhnlich ist die Verwendung von kleinen gebrannten Ziegeln für den Bau. Beachtenswert ist der im 8. Jahrhundert begonnene, aber nie vollendete große Tonnendach-Saal in der Mitte. Hier sind noch sehr schöne Schmuck-Arabesken und Stuckarbeiten an den Wänden zu sehen.

Nun wieder zurück auf der Straße 15 bis zu der kurz nach der Überquerung der Bahngleise nach Osten abzweigenden Straße Nr. 60, der man über *El-Muwaqqar* bis nach

****Qasr el-Kharana** folgt. Die quadratisch angelegte, massive Wüstenburg steht am Schnittpunkt alter Handelsstraßen. Sie wurde von den Omaijaden im 8. Jahrhundert erbaut und ist bis zum heutigen Tag unverändert erhalten geblieben. Die vier Seiten des Innenhofs werden von den Ställen gebildet. In den oberen Wohngemächern sind noch schöne Stuckarbeiten zu erkennen. Die Burg diente als Jagdschloß, in dem man sich vom anstrengenden Stadtleben erholte.

Nun weiter zum nahen

****Qasr Amra.** Dieses Lustschloß in der Wüste stammt aus der Regierungszeit des

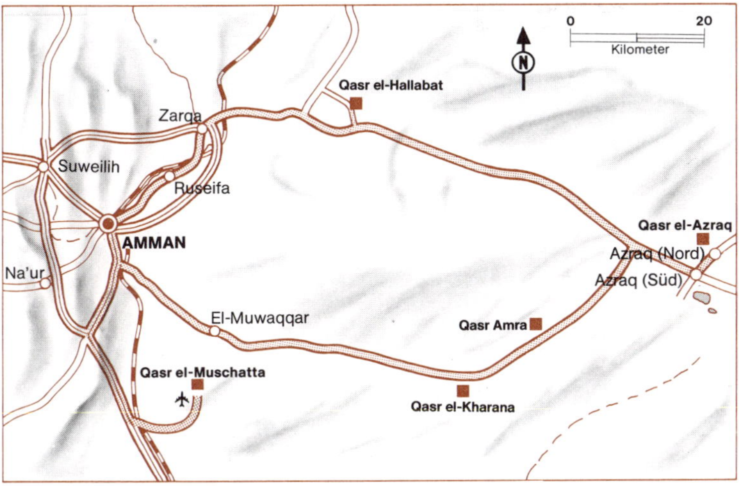

Qasr el-Azraq

Kalifen Walid I. (um 710 n. Chr.). Auffallend sind die kleinen Kuppeln und Tonnengewölbe. Die schönen Fresken in den Innenräumen sind eines der wenigen Beispiele figürlicher Kunst im Islam. Die geschmückten Dampfbäder und Liegeräume zeugen ebenfalls von den künstlerischen Fähigkeiten der damaligen Zeit.

Das nächste Fahrtziel ist

Azraq (2000 Einw.) An den reichen Wasserstellen dieser Oase sind zwei Siedlungen, das von Tscherkessen bewohnte Süd-Azraq und Nord-Azraq, wo Drusen leben. Die Häuser der Drusen bestehen wie das nahe Wüstenschloß aus dem in der Gegend vorherrschenden schwarzen Basalt. Große Mengen des Quellwassers werden bis nach Irbid und Amman gepumpt. Um das Drusendorf herum werden Obst, Gemüse und Futterpflanzen angebaut.

In den schilfumstandenen Wasserstellen gibt es Fische, und am Rand der Oase weiden wilde Pferde zwischen Tamarisken.
Weiter draußen in der weiten Lehmebene, die dem Auge oft mit einer Fata Morgana (Luftspiegelung) Wasser vortäuscht, wird Salz gewonnen. Die Fläche füllt sich im späten Frühjahr mit leicht salzhaltigem Wasser, das im Sommer verdunstet und eine Salzkruste zurückläßt.

In der Oase machen große Scharen von Zugvögeln auf der Reise zwischen Afrika und Europa Rast. Besonders im Frühjahr kann man in der Morgendämmerung eindrucksvolle Bilder sehen.

Mitten in der Teich- und Sumpflandschaft der Oase erhebt sich das

***Qasr el-Azraq.** Die erste Befestigung wurde wahrscheinlich von den Nabatäern errichtet, als Schutz vor den Beduinen, die durch das Wadi Sirhan, an dessen Ausgang die Oase liegt, aus der arabischen Halbinsel nach Palästina vordrangen. Aus spärlichen Inschriften in Latein und Griechisch weiß man, daß die Römer das Kastell anfangs des vierten nachchristlichen Jahrhunderts erbauten, um das Hinterland gegen Einfälle aus der Wüste zu schützen. In der Zeit der Kreuzzüge setzte Azz ad-Din Aybak, der von 1218 bis 1227 in Damaskus regierte, die Feste wieder instand; diesmal gegen die christlichen Eroberer aus dem Westen.

Der britische Oberst T. E. Lawrence („von Arabien“) schlug 1917 in der Festung sein Winterquartier auf, um von hier aus mit Beduinentruppen Damaskus von den Türken zu erobern.

⌂ „Government Rest House“.

Östlich von Azraq beginnt das unwegsame Lavaland, das den nordöstlichen Teil Jordaniens und den nördlichen Teil des benachbarten Saudi-Arabiens bedeckt. Hier gibt es Erhebungen von 600 bis 1000 m. Eine befahrbare Piste führt von hier über die nahe saudi-arabische Grenze quer durch das ganze Land bis nach Bahrain am Persischen Golf. Südlich davon verläuft eine zweite (schlechtere) Piste durch den Wadi Sirhan nach Muwaishir und Riyad.

*

Die von Azraq nördlich weiterführende Straße erreicht nach etwa 30 km die entlang der Erdöl-Rohrleitung nach Bagdad führende Hauptstraße.

Die Rückfahrt nach Amman erfolgt über

Qasr el-Hallabat. Diese Wüstenburg war ursprünglich eine nabatäische Befestigung, ehe sie um das Jahr 200 von den Römern ausgebaut wurde. Später diente die Burg auch den Omaijaden als Stützpunkt. Im 7. Jahrhundert wurde sie in ein Kloster verwandelt. Die Klosterkirche wurde im 12. Jahrhundert zu einer Moschee umgestaltet. Zur Verzierung der Wände wurde Basaltgestein verwendet. Heute sind von dem Bauwerk nur mehr Ruinen erhalten.

Wenig später stößt man wieder auf die vom Norden kommende Hauptstraße, auf der man über Zarqa und Ruseifa weiterfährt bis nach

Amman, 246 km, siehe Seite 22.

Route 4: Amman (***Damaskus) – Rutba – **Bagdad (956 km).

In den letzten Jahren wurden sowohl die von Amman (Nationalstraße 30/Highway No. 10) wie auch die von Damaskus (Nationalstraße ME-2/Highway No. 11) durch die Syrische Wüste führenden Straßen verbessert. Bei Rutba münden beide Straßen zusammen und führen als Highway No. 10/11 über Ramadi nach Bagdad.

Von *Amman* fährt man zuerst über *Zarqa* nach *Mafraq,* 71 km, wo die Straße nach Osten abbiegt und längs der von Kirkuk (nördlicher Irak) herkommenden Ölleitung über die Pumpstationen H-5 (166 km) und H-4 (⌂ „Government Resthouse“) über die irakische Grenze und die Station H-3, 436 km, nach *Rutba,* 496 km, weiterführt.

Von *Damaskus* führt die Straße über *Dmeir* (römischer Tempel, 3. Jh.) und *Khan Abu Schamat,* 62 km, über die irakische Grenze nach *Rutba,* 430 km (Übergang derzeit für Touristen gesperrt).

Rutba *(Rutbeh, Ratbeh)* liegt etwa auf halbem Wege nach Bagdad, ist eine bekannte Karawanen-Raststation und besitzt ein Rasthaus und Erfrischungslokale. Hier findet die irakische Paß- und Zollkontrolle für aus Syrien, in Tarbiel für aus Jordanien kommende Reisende statt.

Die Straße führt nun durch eine recht eintönige Wüstenlandschaft über *Mohammediya* nach

Ramadi, 730 km von Damaskus, 796 km von Amman, wo man den *Euphrat* erreicht. Die Stadt besitzt einen wichtigen Markt, der auch viel von Beduinen und Bewohnern der umliegenden Dörfer besucht wird. (⌂ „Rest House“.)

In der Nähe liegt der große *Habbaniya-See,* ein Euphrat-Stausee mit einer 1955 fertiggestellten großen Talsperre. Weite Flächen des ursprünglichen Wüstenlandes konnten nach der Fertigstellung des Stauwerks bewässert und fruchtbar gemacht werden. Der Ort *Habbaniya* (s. S. 44) ist ein beliebtes Erholungs- und Sportzentrum mit guten Unterkunftsmöglichkeiten.

Von Ramadi führt der in nordwestlicher Richtung abzweigende Highway No. 12 parallel zum Euphrat nach Husaiba an der syrischen Grenze (derzeit geschlossen), dann über Abu-Kamal und Deir ez-Zor weiter nach Aleppo (siehe Route 5).

Auf dem *Highway 10/11* überquert man vor dem Ort *Falluja* den Euphrat und gelangt kurz nach *Agarguf* (s. S. 44) in die westlichen Vorstädte von

Bagdad, 840 km von Damaskus, 906 km von Amman.

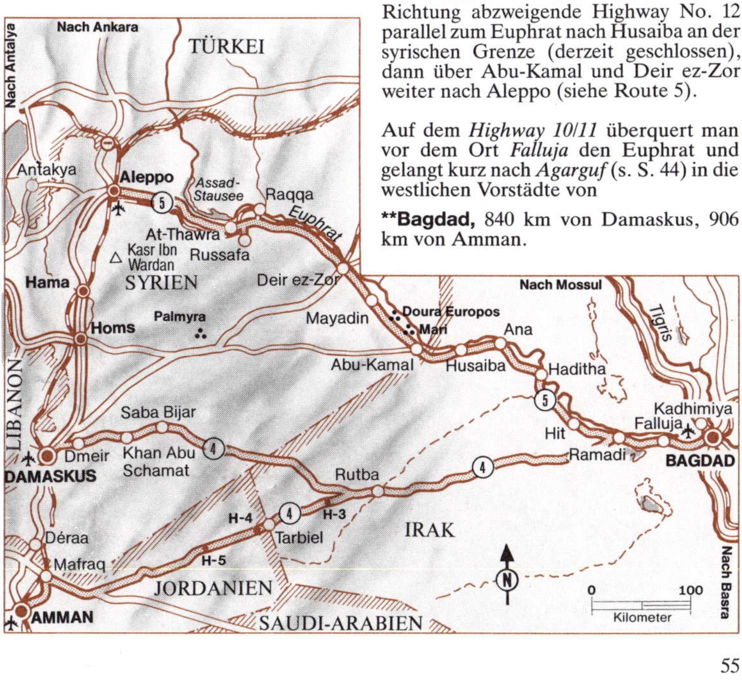

Route 5: **Aleppo – Raqqa – Deir ez-Zor – **Bagdad (886 km)

Man verläßt ***Aleppo* (s. S.33) in östlicher Richtung. Auf der ME-4 erreicht man *Kuwayres* (rechts Abzweigung zum sumpfigen Salzsee von Jabbul mit archäologischem Gräberfeld).

Bei *Maskaneh,* 90 km, kommt man zum *Assad-Stausee,* der vom gigantischen Euphratdamm bei At-Thawra aufgestaut wurde. Der Damm ist 5 km lang und 60 m hoch, der See ist 630 km^2 groß und enthält 11,9 Milliarden m^3 Wasser, er ermöglicht die Bewässerung von 6400 km^2 landwirtschaftlich genutzter Fläche. In einem Kraftwerk werden rund 800 Megawatt elektrische Leistung erzeugt. Eine Abzweigung führt nach links in die neue Stadt *At-Thawra* („die Revolution"), wo man den Damm besichtigen kann.

Auf der ME-4 fährt man nach Südosten weiter durch die mit Hilfe des Stauseewassers urbar gemachte Landschaft. Kurz vor *Ratia,* 188 km, zweigt links die ME-6 ab und führt den Euphrat entlang nach Raqqa und weiter über Tell Abyad nach Şanlıurfa (Türkei). Weiter auf der ME-4 erreicht man *Tibni,* von wo aus man zu der am Euphrat gelegenen römisch-byzantinischen Ruinenstadt Halabiye fahren kann.

Raqqa (40 000 Einw.) ist ein wichtiger Handels- und Verkehrsknotenpunkt. Von der antiken Stadt und der späteren Sommerresidenz Harun ar-Raschids, die im 13. Jahrhundert von den Mongolen zerstört wurde, sind Reste der großen Moschee, des Bagdadtors und des „Mädchenschlosses" erhalten.

Lohnend ist ein Abstecher zu dem etwa 55 km südwestlich liegenden

****Russafa** *(Rosafeh, Resafa),* einer byzantinischen Stadt mit großartigen Resten der Stadtmauer mit Toren und Basteitürmen. Sehenswert ist vor allem die Basilika St. Sergius.

131 km von *Ratia* aus erreicht man

Deir ez-Zor (195 m; 74 000 Einw.), 319 km, Hauptort und wichtigstes Landwirtschaftszentrum der Provinz. Hier kreuzt man die von Damaskus über Palmyra und auf einer modernen Brücke über den Euphrat nach Hassake und Qamishlieh zur türkischen Grenze führende ME-7. Deir ez-Zor ist auch Ausgangspunkt für die Besichtigung der nordostsyrischen Ausgrabungsstätten Tell Tuneinir, Tell Shaker Bazar, Tell Halaf, Tell Quarassa, Tell Brak und andere.

✈ Aleppo, Damaskus. – 🚗 Raqqa – Aleppo und Hassake – Qamishlieh.

🚌 Palmyra, Homs, Damaskus, Abu Kamal.

🏨🏨 „Cham". – 🏨 „Oasis".
🏠 „Raghdan"; „Murad".

Hinter Deir ez-Zor erhebt sich auf einem Felsen die Araberburg *Qalaat Rabah.* Die Strecke von Deir ez-Zor nach Südosten ist reich an interessanten archäologischen Stätten: In *Mayadin,* 363 km, sieht man Reste des antiken Andattha, in *Ashara* wurden die Ruinen des assyrischen Sirqu aus dem 3. Jahrtausend v. Chr. entdeckt.

Kurz vor *Salihiye*, 418 km, ist die Zufahrt zu den Ruinen von

***Doura Europos.** Hier sind aus dem ersten bis dritten Jahrhundert nach Christus Turmgräber, Tore, Türme, Haus- und Tempelruinen erhalten, die über ein weites Gebiet verstreut liegen. Von der ehemaligen Zitadelle auf einem Felshügel über dem Euphrat sind noch eindrucksvolle Wehrmauern zu sehen.

Bei Kilometer 444 zweigt man links auf eine Piste ab, die nach

***Tell Hariri** führt, dem vor über 5000 Jahren gegründeten und später von den Babyloniern zerstörten Mari. In dem am Euphrat liegenden Ruinenfeld sind vor allem die Reste der aus dem frühen dritten Jahrtausend vor Christus stammenden Zikkurat (Stufenturm) und der Königspalast aus dem zweiten vorchristlichen Jahrtausend sehenswert.

Auf der ME-4 erreicht man den syrischen Grenzort *Abu-Kamal,* 454 km (Grenze derzeit gesperrt; s. S. 57). Am jenseitigen (linken) Euphratufer erheben sich die antiken Grabtürme von *Baghuz.*

Auf irakischer Seite kommt die Grenzstation *Husaiba,* dann folgen *Ana,* wo man am Euphrat Wasserräder sehen kann, und der malerische, teilweise auf einer Insel im Euphrat liegende Ort *Haditha* (Wasserräder). Nach *Hit* mit seinen Schwefelsümpfen und Salinen verläßt man den Highway 11 und überquert auf dem Highway 10/11 vor dem Ort *Falluja* den Euphrat. Kurz nach *Agarguf* (s. S. 44) gelangt man in die westlichen Vorstädte von

****Bagdad,** 886 km, siehe Seite 39.

Route 6: Zakho – *Mossul – **Samarra – **Bagdad – Kut – Basra (1076 km)

Das ganze Ausmaß der Zerstörung, die im Laufe des Krieges von 1991 im Irak angerichtet wurde, ist zur Zeit noch nicht bekannt. Die Beschreibung der Routen 5 (s. S. 56), soweit sie durch den Irak verläuft, und 6 ist daher auf dem Stand von 1990 belassen. Derzeit ist die Einreise von Touristen in den Irak nicht möglich.

Wer über Ankara und die südöstliche Türkei im Irak einreist, überschreitet die Grenze bei *Zakho* und fährt auf dem irakischen *Highway No. 2* über *Alluka* und *Talkaif* nach

***Mossul** (220 m; 800000 Einw.), 125 km. Die am rechten Tigrisufer liegende Stadt ist ein wichtiger Verkehrsknotenpunkt zwischen dem Irak, der Türkei und Syrien sowie ein Handels- und Industriezentrum.

Sehenswert sind vor allem das ***Archäologische Museum* mit sumerischen und assyrischen Ausgrabungsfunden (hauptsächlich aus Ninive) und mit islamischen Kunstwerken, die *An-Nuri-Moschee* (auch Al-Kabir-Moschee) mit 50 m hohem, prächtig geschmücktem „schiefem Minarett" (12. Jh.) und die Ruinen des „Schwarzen Palastes" *Qara Serai* (13. Jh.) am Tigrisufer. Hier liegen auch die beachtenswerte alte chaldäische *Tahra-Kirche* und das Mausoleum des Imam *Yaiha Abil Qasim* (13. Jh.), das von einer achteckigen Pyramide bekrönt wird.

✈ Bagdad, Basra, Kuwait u. a.

🚆 Samarra, Bagdad, Aleppo, Ankara, Istanbul usw.

🚌 Zakho, Ain Sifni, Aqra, Arbil, Samarra, Bagdad u. a.

🏨🏨 „Ninive-Palace". – 🏨 „Al-Shamal"; „Idaret ol-Mahaliya"; „Station" ; „Rafidain". – 🏠 Zahlreiche einfache Hotels.

Wenn man den Tigris auf der Dschumhuriyabrücke überquert, gelangt man nach

***Ninive** (arab. Nainiwa), der bedeutendsten Hauptstadt der Assyrer (11. Jh. v. Chr.). Besiedelt war die Stadt aber schon vor mehr als fünftausend Jahren. Unter Sanherib (705–681 v. Chr.) wurde sie mit einer über 12 km langen Stadtmauer umgeben, die 15 monumentale Tore besaß. Seine Nachfolger Assarhadon und Assurbanipal ließen großartige Palastbauten errichten, von denen Reste freigelegt wurden. 1956 wurde eines der mächtigen Stadttore nach alten Plänen rekonstruiert. Man beachte die prächtigen Darstellungen der „geflügelten Stiere". Das Stadttor beherbergt ein kleines Museum.

Lohnende Ausflugsziele von Mossul sind ferner *Khorsabad (Dur Sarrukin;* 20 km nördlich) mit den Ruinen der 713 v. Chr. von Sargon II. gegründeten assyrischen Stadt; die *Bavian-Schlucht* mit den berühmten assyrischen Stelen und Basreliefs des Sanherib bei *Ain Sifri* (45 km), sowie das 40 km südöstlich liegende

***Nimrud,** das schon im Alten Testament als Kelach erwähnt wird. Die vor mehr als 5000 Jahren gegründete Stadt wurde unter Salmanassar I. (1280–1260 v. Chr.) eine Residenz der assyrischen Könige. Auf dem großen Ruinenfeld sind noch die Überreste einer alten Zikkurat (Stufenturm) zu sehen sowie die Ruinen eines Tempels, wo zwei riesige steinerne Löwenskulpturen ausgegraben wurden. Freigelegt wurden u. a. auch die Ruinen eines Palastes, dessen Tore mit in Stein gehauenen geflügelten Stieren verziert sind und dessen Räume Marmorplatten enthalten, auf denen religiöse und militärische Darstellungen in Relief zu sehen sind.

5 6

A: Über Samarra

Man verläßt *Mossul* im Süden auf dem *Highway No. 1* in Richtung Bagdad und folgt ihm etwa 100 km bis zu einer beschil-

Hatra

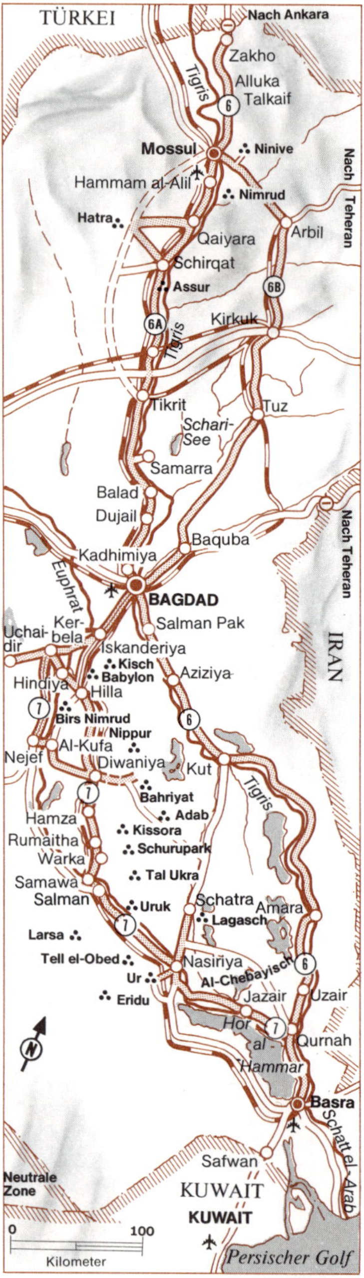

derten Abfahrt, von wo aus sich ein Abstecher zu dem 20 km westlich liegenden

Hatra *(Hadhar; El Hadr)* lohnt. Die von arabischen Königen regierte Stadt, die den Parthern tributpflichtig war, erreichte im 2. Jahrhundert n. Chr. ihre Blütezeit. Sie war von hohen Wällen umgeben und ein bedeutender Umschlagplatz für Waren, die auf den Karawanenstraßen von Indien und China nach Antiochien und Europa befördert wurden.

Ausgezeichnet erhalten sind noch Ruinen von mächtigen Stadttoren, Häusern, Palästen, mehreren Tempeln und Skulpturen. Die Architektur der Bauten ist ein Konglomerat verschiedener Stilrichtungen: assyrisch, parthisch, griechisch-römisch, arabisch. Die römischen Kaiser Trajan (117 n. Chr.) und Severus (194 n. Chr.) belagerten die Stadt, konnten sie aber nicht einnehmen. Erst 270 n. Chr. wurde sie vom Sassanidenkönig Schahpur I. erobert und zerstört. (⌂ „Rest House".)

Wieder zurück auf dem *Highway No. 1,* kann man das 10 km südöstlich vom Ort *Schirqat*, 231 km, liegende Ruinenfeld von

Assur *(Ashur)* besichtigen, das malerisch am Tigris liegt. Die schon im frühen 3. Jahrtausend v. Chr. gegründete Stadt war die erste Hauptstadt des assyrischen Reiches. Die Wehrmauer rund um die Stadt soll aus der Zeit um 2300 v.Chr. stammen. Das große Ruinenfeld wird von einem hohen Tempelturm (Zikkurat) beherrscht. Über 4000 Jahre alt sind die Reste des Assur-Tempels und mehrerer Paläste.

Über *Tikrit* (Geburtsstadt Saladins) fährt man weiter nach

Samarra (45 000 Einw.), 420 km, das am linken Ufer des Tigris liegt. Die Stadt war schon in prähistorischer Zeit (um 5000 v. Chr.) besiedelt. Der Name der Stadt ist vom babylonischen „Sumerium" abgeleitet. 363 n. Chr. fand hier die berühmte Schlacht zwischen Römern und Sassaniden statt, in der Kaiser Julian getötet wurde.

Die heutige Stadt wurde 836 n. Chr. von dem Kalifen Al-Mutasim als Hauptstadt eines großen islamischen Reiches gegründet. Bis zum Jahre 892 regierten noch sieben Kalifen hier, ehe die Hauptstadt nach Bagdad verlegt wurde.

Die wichtigsten Sehenswürdigkeiten sind die Ruinen des Kalifenpalastes *(Beit al-Khalifa)* aus dem 9. Jahrhundert am Tigris und das 52 m hohe „Spiralminarett" *(Mal-*

Das Minarett von Samarra

wieh) der Großen Moschee *(Al-Jamia)* aus dem Jahre 847. Die außerhalb der Stadt liegende Moschee, von der nur noch die Außenmauern stehen, ist 240 m lang und 160 m breit, sie gehört zu den größten Moscheen der Welt. Das Minarett kann auf einer rund um den Bau verlaufenden Wendeltreppe bestiegen werden.

Im Zentrum der Neustadt liegt die aus dem 13. Jahrhundert stammende Moschee *Al-Rawdha Al-Askariya* („Goldene Moschee"). Über den Gräbern des 10. und 11. Imams (Nachfolger Mohammeds) der Schiiten, Ali el-Hadhi und Hassan al-Askariya, wölbt sich eine riesige Kuppel von 22 m Durchmesser, die mit 72 000 vergoldeten Kupferplatten bedeckt ist. Die Moschee besitzt auch zwei 36 m hohe vergoldete Minarette. Eine zweite, mit herrlichen Arabesken geschmückte Kuppel wölbt sich über dem Heiligtum des letzten Imams, des „Mahdi", an dessen Wiederkehr die Schiiten glauben. Nicht-Muslimen ist das Betreten der Moschee untersagt.

Der Highway No. 1 führt nun an den Resten einer alten Befestigungsanlage aus dem 6. Jahrhundert v. Chr. vorbei, über *Balad* (Reste einer alten Abbasidenbrükke) und *Dujail,* dann durch *Kadhimiya* (s. S. 42), die nördliche Vorstadt Bagdads, über den Tigris nach

****Bagdad,** 532 km, siehe Seite 39.

B: Über Kirkuk

Etwa 60 km länger ist die Straße, die von Mossul über Arbil, Kirkuk und Tuz nach Bagdad führt (Highway No. 2).

***Arbil,** das antike *Arbela* der Griechen, ist eine seit 4000 Jahren fortlaufend besiedelte Stadt (3 ⌂), die 331 v. Chr. durch die Schlacht zwischen dem Perserkönig Darius III. und Alexander von Makedonien (dem „Großen") in die Geschichte einging. Die Niederlage in dieser „Schlacht von Gaugamela" bereitete dem Achämenidenreich ein Ende.

Das nördlich von Arbil liegende Bergland ist von Kurden bewohnt. Es gibt dort viele Sommerfrischen mit Hotels.

Kirkuk gehört wegen seines 1927 hier entdeckten Erdöls zu den großen Industriestädten des Landes. Sehenswert ist die Altstadt.

⌂⌂ „Kirkuk".

⌂ „Railway Station" u. a.

Bei *Baquba* stößt man auf den *Highway 5,* der von Bagdad über Muqdadiya und Khanaqin zur iranischen Grenze führt (180 km) und die Hauptverbindung Bagdad–Kermanschah–Teheran ist (Grenze derzeit gesperrt).

*

Die Weiterfahrt von Bagdad nach Basra kann auf den *Highways 8* und *9* über Kerbela, Nejef, Diwaniya und Nasiriya erfolgen (siehe Route 7), die an den berühmten Städten des Altertums Babylon, Ur und Uruk (al-Warka) vorbeiführt. Die Abkürzung von Bagdad direkt nach Hilla, ohne den Umweg über Kerbela, ist zur Autobahn ausgebaut. Der Highway 6 führt ebenfalls in den Süden des Landes. Man verläßt Bagdad im Süden und fährt über *Salman Pak,* wo man den berühmten „Bogen des Khosrow" in *Ktesiphon* (s. S. 44), 566 km, besichtigen sollte, weiter über *Aziziya* nach *Kut* (⌂), 702 km, einem wichtigen Verkehrsknotenpunkt am Tigris. Weiter am linken Tigrisufer über Amara, 898 km, wo man den Tigris überquert, bis nach *Uzair,* in dessen Nähe des Grab des Propheten Ezra liegt.

Bei *Qurnah,* 1002 km, münden Euphrat und Tigris zusammen und bilden das riesige Delta *Hor al Hammar.* Die beiden Ströme fließen nun als *Schatt el-Arab* in den Persischen Golf. Am Beginn des Schatt el-Arab liegt

Basra, 1076 km, siehe Seite 63. Von Basra führt eine ausgezeichnete Asphaltstraße *(Highway 8)* über Safwan zur Grenze des Scheichtums Kuwait (50 km) und in die Hauptstadt *Kuwait* (165 km). Eine andere (schlechtere) Straße führt von Basra über Maqil und den Schatt el-Arab zur iranischen Grenze (52 km) und weiter nach *Khorramshahr* (100 km) und *Abadan* (die Grenze ist derzeit gesperrt).

Route 7: **Bagdad – *Kerbela – **Babylon (–Nejef) – Diwaniya – *Ur – Nasiriya – Basra (614 km)

Man verläßt ***Bagdad* (s. S. 39) im Westen und biegt kurz nach dem Überqueren des Tigris links ab auf den *Highway 8/9,* der sich bei *Iskanderiya,* 70 km, teilt. Rechts führt er als *Highway 9* über den Euphrat nach Kerbela und weiter nach Nejef, links als *Highway 8* nach Babylon und Hilla.

***Kerbela** (*Karbala;* 62000 Einw.), 102 km, liegt inmitten eines fruchtbaren Obstanbaugebietes (Orangen, Mandarinen, Datteln) an einem Bewässerungskanal des Euphrat und ist eine der heiligsten Stätten des Islam. Hier verehren die Schiiten die Grabmäler des Imams Al-Hussein Ibn Ali und seines Bruders Al-Abbas, die zusammen mit 72 anderen Gläubigen in Kerbela den Märtyrertod fanden.

Im Mittelpunkt der Stadt steht die *Grabmoschee Imam Al-Husseins,* die mit einer Koranhochschule verbunden ist. Über dem weißen, mit Elfenbein und Email eingelegten Marmorsarkophag des Heiligen, des Sohnes Alis, wölbt sich eine 27 m hohe, prächtig mit Arabesken und Schmuckschriften verzierte Kuppel, die außen mit Goldplatten bedeckt ist. Auch die beiden runden Minarette der Moschee sind vergoldet. Der Gebetsraum ist mit Tausenden von kleinen Spiegel- und Kristallmosaiken ausgeschmückt.

Etwa 350 m weiter nördlich erhebt sich die *Grabmoschee Al-Abbas.* Auch sie besitzt eine goldene Kuppel und zwei runde Minarette, die am Schaft mit blauen, grünen und gelben Mosaikornamenten verziert und in ihrem oberen Teil vergoldet sind. 1966 wurde das Allerheiligste dieser Moschee mit Wanddekorationen aus purem Gold und Silber, mit zahllosen Edelsteinen und kunstvollen Email-Einlegearbeiten verziert; es gilt als kostbarster Moscheeraum der islamischen Welt. Außer den Innenhöfen dürfen die beiden Moscheen von Nicht-Muslimen nicht betreten werden.

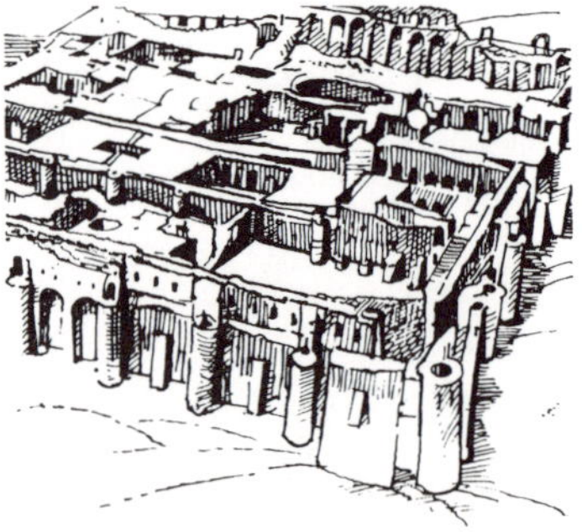

Die Palastburg von Uchaidir

🚖 Iskanderiya, Bagdad.

🚌 Bagdad, Nejef, Hilla u. a.

🏨 „Karbala". – ⌂ zahlreiche einfache Herbergen.

50 km westlich liegt

Uchaidir *(Ukhaidir)*, das wegen seiner sehr gut erhaltenen, von einem 17 m hohen Wall und von Basteien umgebenen *Palastburg* aus dem 8. Jahrhundert besuchenswert ist. Die Anlage ist 175 m lang und 163 m breit. Sie zählt zu den großartigsten Burganlagen des gesamten Orients. Man betritt sie durch ein eindrucksvolles Portal an der Nordseite, gelangt in eine Vorhalle und von dort rechts in eine kleine Moschee, von der aber nur mehr Ruinen erhalten sind. Die dreistökkigen Palastgebäude umgeben einen großen Innenhof mit einem hohen Iwan, der als Empfangshalle diente.

⌂ „Rest House".

Von *Kerbela* führt der *Highway 9* weiter in das 80 km entfernte

***Nejef** (*Nedjef, Najaf;* 18 000 Einw.). Die noch mit hohen Wehrmauern und Rundtürmen umgebene Stadt gehört wie Kerbela zu den bedeutendsten Wallfahrtsorten der Schiiten. Mit seinen 80 Koranhochschulen ist Nejef auch ein Zentrum islamischer Gelehrsamkeit.

Die *Moschee Imam Alis* (Nicht-Muslimen nicht zugänglich) enthält das von den Schiiten hochverehrte Grab Alis, des Vetters und Schwiegersohns von Mohammed. Es wird jährlich von mehr als 200 000 Pilgern besucht. Die im 8. Jahrhundert von Harun ar-Rashid gegründete, im 11. Jahrhundert von Malik Schah restaurierte und 1743 neu gestaltete Moschee besitzt eine mit vergoldeten Kupferplatten bedeckte 35 m hohe Kuppel und zwei „goldene" Minarette. Ihre zweistökkige Arkadenfassade ist mit prächtigen Einlegearbeiten geschmückt. Die Grabkammer ist sehr kunstvoll ausgestaltet und enthält eine Sammlung kostbarer Pilgergeschenke: mehrere mit Diamanten und Rubinen geschmückte und vergoldete Lampen, Schmuckstücke und Edelsteine, eine reiche Sammlung goldener und silberner Schwerter, mit Goldfäden und Perlen durchwebte Wandteppiche, kostbare Perserteppiche und vieles andere. Besonders verehrt wird ein von Imam Ali selbst geschriebener Koran.

Die Moschee selber steht inmitten eines von einer Mauer umgebenen riesigen *Sahan* (Moscheehof) mit 58 Arkadenhallen, die Gräber berühmter islamischer Persönlichkeiten enthalten.

Nur wenige Fahrminuten von Nejef entfernt liegt

Al-Kufa, die erste arabisch-islamische Hauptstadt des Landes. Sie wurde im 7. Jahrhundert von dem arabischen Kriegshelden Sa'ad Ibn Abi Waqqas gegründet und enthielt jene Moschee, in der im Jahre 661 Ali (s. S. 60) ermordet wurde.

🏠 „Rest House".

Man kann nun von Nejef auf dem *Highway 9* direkt weiterfahren nach Diwaniya oder, wenn man Babylon besichtigen will, zurückfahren nach Hilla.

*

Von *Kerbela* (s. S. 60) aus fährt man über *Hindiya* weiter, überquert wieder den Euphrat und gelangt nach *Hilla,* 145 km, von wo aus man in wenigen Minuten das Ausgrabungsfeld von

*****Babylon,** 150 km, erreicht. Vor mehr als 4000 Jahren war die Stadt mit ihren majestätischen Torbauten, Tempeln und Palästen eine der schönsten und reichsten Städte der Welt. Schon in der akkadischen Zeit (vor etwa 4400 Jahren) gegründet und unter der dritten Dynastie von Ur (um 2200 v. Chr.) vergrößert, wurde die Stadt unter der ersten babylonischen Dynastie eine prächtige Haupt- und Residenzstadt.

Unter Hammurabi (1792–1750 v. Chr.), der über ganz Mesopotamien herrschte, erlebte Babylon eine Blütezeit. Aus dieser Zeit stammt u. a. die weltberühmte „Gesetzesstele des Hammurabi" (das älteste geschriebene „Gesetzbuch" der Welt), die heute im Pariser Louvre zu sehen ist. 1350 v. Chr. fiel Babylon in die Hände der Hethiter, später unter die Herrschaft der indoeuropäischen Kassiten. Vom 12. bis zum 7. Jahrhundert v. Chr. war Babylon assyrisch. 689 v. Chr. ließ Sanherib die Stadt zerstören. Sein Sohn Assarhaddon (681–669) und dessen Sohn Assurbanipal (669–626 v. Chr.) ließen sie wieder aufbauen.

Grabmoschee des Imam Abbas

Nach dem Zerfall des assyrischen Reichs begann unter dem ersten chaldäischen (neubabylonischen) Herrscher Nebukadnezar (604–562 v. Chr.) eine neue Blütezeit. 539 v. Chr. bemächtigten sich die Perser unter *Kyros* (dem „Großen") der Stadt. Bis zu ihrer Eroberung durch Alexander (den „Großen") 331 v. Chr. stand sie unter der Herrschaft der Achämeniden. Nach dem Tod Alexanders (323 in Babylon) begann der Niedergang. Unter den einfallenden Parthern wurde die Stadt zerstört.

7

Man betritt das Ruinenfeld im Osten und sieht auf einem kleinen Hügel das *Griechische Theater* aus der Zeit Alexanders. In der Nähe des Eingangs liegt auch das kleine *Babylon-Museum* mit Ausgrabungsstücken und Modellen der antiken Stadt.

Von den ursprünglich neun großen Stadttoren ist noch das monumentale (rekonstruierte) ***Ischtar-Tor* (um 575 v. Chr.) am Ende der Einfahrtsstraße zu sehen. Der 12 m hohe Torbau ist aus Backsteinen errichtet und gehört mit seinen Reliefs der „heiligen Tiere" Löwe, Stier und Drachen zu den größten und eindrucksvollsten Überresten der Stadt. Bei dem Torbau beginnt die 300 m lange, zum Marduk-Tempel führende Prozessionsstraße, die ursprünglich von reich dekorierten Mauern flankiert war. Die Verfliesung befindet sich heute im Ost-Berliner Pergamon-Museum.

Beim Ischtar-Tor sieht man auch den berühmten, aus einem schwarzen Basaltblock gehauenen *Löwen von Babylon* (um 1300 v. Chr.) und den der Göttin Nin-Mach geweihten *E-Mach-Tempel.* An der linken Seite der ehemaligen Prozessionsstraße liegen die Ruinen des *Süd-Palastes,* der über 900 m lang und 600 m breit war. An seinem nordöstlichen Ende befinden sich die Ruinen der als antikes Weltwunder bezeichneten „Hängenden Gärten": Nebukadnezar ließ sie wahrscheinlich für seine Gemahlin, die Tochter eines Meder-Königs, anlegen, um sie an die Blumen- und Blütenpracht ihrer Heimat zu erinnern. Sie waren über 14 gewölbeartige Räume verteilt, die durch schmale Passagen miteinander verbunden waren.

Der *Nordpalast* (Hauptpalast) des Nebukadnezar ist erst teilweise ausgegraben. Von Nebukadnezar stammt auch der noch nicht ganz freigelegte *Sommerpalast* am nördlichen Ende des Ruinenfeldes.

Etwa 800 m südlich des Ischtar-Tores liegen die Reste der E-Temenanki genannten *Zikkurat* (Tempel-Stufenturm), die von den Babyloniern als „Fundament von Himmel und Erde" erbaut wurde, der biblische „Turmbau zu Babel" (Genesis 11, 1–9). Zur Zeit läßt die Regierung unter gigantischem Aufwand die Stadt Nebukadnezars wiederaufbauen. – ⌂ „Rest House".

20 km östlich von Babylon liegt das Ruinenfeld von

***Kisch,** einer der ersten mesopotamischen Städte (um 3500 v. Chr.) aus der Obed-Zeit. Eine hohe Blüte erlebte die Stadt unter Hammurabi (18. Jh. v. Chr.). Freigelegt wurden Spuren eines sumerischen Palastes, Reste von neubabylonischen Tempeln (6. Jh. v. Chr.) und die Ruinen einer Zikkurat.

In der Umgebung von Kisch gibt es zahlreiche Tells (Erdhügel, s. S. 9) mit Spuren antiker Städte.

Man verläßt *Babylon* im Süden und fährt wieder über Hilla in südlicher Richtung weiter auf dem *Highway 8.* Rechts zweigt nach kurzer Fahrt eine Piste ab nach *Birs Nimrud* (dem antiken Borsippa), mit einer Zikkurat und anderen babylonischen Bauresten.

In *Diwaniya,* 226 km, einem wichtigen Verkehrsknotenpunkt und Bezirkshauptort, zweigt rechts der *Highway 9* ab nach *Nejef* (s. S. 60). Links führt eine Piste nach

***Nippur** (45 km), einem bedeutenden sumerischen Stadtstaat im 4. Jahrtausend v. Chr. Bei archäologischen Grabungen wurden umfangreiche Tempelreste freigelegt. Unter einem (zerstörten) Palast aus der Partherzeit fand man die Fundamente einer dem Gott Enlil geweihten Zikkurat, deren Trümmer heute das Ruinenfeld beherrschen.

Andere Pisten führen zu den Ruinenfeldern von *Bahriyat, Adab, Kissora, Schurupak* und *Tal Ukra* (Geländefahrzeug).

Der *Highway 8* führt nun parallel zur *Bagdad-Basra-Bahn* weiter, deren Gleise er bei Hamza überquert. Bei *Rumaitha* überquert man einen Nebenarm des Euphrat. Von *Warka* und *Samawa,* 315 km (Euphratbrücke), führen Pisten zu den Ruinenfeldern von

****Uruk** (35 km von Samawa), dem biblischen Erech (Genesis 10,10). Die über 6000 Jahre alte Stadt ist die Heimat des sagenhaften Heldenkönigs Gilgamesch, dessen Taten in sumerisch-babylonischen Aufzeichnungen beschrieben sind. Um 2430 v. Chr. soll er Uruk zu seiner Hauptstadt erwählt haben. Die an geschichtlichen Erinnerungen reiche Stadt spielte auch in der assyrischen und in der neubabylonischen Zeit eine bedeutende Rolle. Aus der Zeit um 3400 v. Chr. sollen die Reste einer freigelegten Ziegelstein-Terrasse stammen. Unter den Palastbauten der Parther (3. Jh. v. Chr. – 3. Jh. n. Chr.) wurden Tempel- und Zikkuratreste aus dem 3. Jahrtausend v. Chr. entdeckt. Aus der Zeit um 2000 v. Chr. stammen die Ruinen eines sumerischen Königspalastes.

Etwa 25 km östlich von Uruk liegt das Ruinenfeld von *Larsa* aus dem 3. und 2. Jahrtausend v. Chr. (Geländefahrzeug).

Von Samawa führt die Straße am rechten Euphratufer weiter nach *Nasiriya,* 420 km, dem Ausgangspunkt zur Besichtigung von

***Ur** (15 km), einem der bedeutendsten Zentren der sumerischen Zivilisation und der Hauptstadt dreier Königsdynastien. Ur war bereits vor 6000 Jahren bewohnt und gilt als Geburtsort Abrahams. Wahrscheinlich war Ur auch die Stätte, wo Noah vor der biblischen Sintflut die Arche baute. Aus dieser Zeit (um 4000 v. Chr.) stammt das große alluviale Becken westlich der Königsgräber, das die Theorie einer unvorstellbar großen Flut untermauert.

Einen umfassenden Blick über das gesamte Ruinenfeld genießt man von dem Stufenturm („Rote Zikkurat"), der während der dritten Dynastie (2124–2015 v. Chr.) auf den Resten eines noch älteren Stufenturms aus der Zeit der ersten Könige von

Ur (um 2700 v. Chr.) erbaut wurde. Nebukadnezar ließ den gewaltigen Bau im 6. Jahrhundert v. Chr. wieder aufrichten. Auf der Spitze des Stufenturms stand ein *Sin,* dem Mondgott (Hauptgott von Ur) geweihter Tempel. Der Bau ist heute noch etwa 18 m hoch erhalten. Der Tempelbezirk mit seinen zahlreichen Bauresten und Spuren aus der ersten Ur-Dynastie wird von einer neubabylonischen Mauer begrenzt. Aus der Zeit um 2100 v. Chr. stammen die Reste des Dub-Lal-Mach-Tempels. Neben den Ruinen sind vor allem die *Königsgräber* sehenswert, in denen die Könige von Ur und die Mitglieder der königlichen Hofhaltung, mit reichen Gewändern bekleidet und mit kostbaren Juwelen geschmückt, vor 4500 Jahren begraben wurden. Zahlreiche Ausgrabungsstücke sind heute im Iraqi-Museum von Bagdad (s. S. 43) zu sehen. (Wegen eines Militärlagers erkundige man sich nach Besuchergenehmigungen für Ur bei seiner Botschaft. Fotografieren ist verboten.)

Diwaniya, Hilla, Bagdad, Basra.

Nasiriya, Bagdad – Basra.

„Rest House Nasiriya“.

Etwa 6 km nordwestlich von Ur liegen die Ruinen von *Tell el-Obed* (auch *Tell Al-Ubaid)* aus der Zeit um 3000 bis 4000 v. Chr. 25 km südlich von Ur liegt das uralte Ruinenfeld von *Eridu* aus dem 4. Jahrtausend v. Chr.

Von *Nasiriya* führt eine Landstraße in nördlicher Richtung nach *Schatra* (65 km), dem Ausgangspunkt für eine Besichtigung der sumerischen Ruinenstadt *Lagasch* aus dem frühen 3. Jahrtausend v. Chr.

Die Weiterfahrt nach Basra verläuft nördlich des sumpfigen Deltas *Hor al-Hammar.* Man kann aber von Nasiriya aus durch das sumpfige Marschland nach

***Al-Chebayisch** fahren, das bis zum 7. Jahrhundert n. Chr. zu den fruchtbarsten Landstrichen des Irak zählte, ehe es von Euphrat und Tigris überschwemmt wurde. In diesem Delta des Zusammenflusses beider Ströme liegen mehr als tausend kleine Inseln, deren Bewohner in Hütten aus Schilfrohr, Papyrusstauden, Lehm und getrocknetem Schlamm leben. Zwischen den Inseln bewegen sich die einzigen Verkehrsmittel dieses Gebietes, aus ausgehöhlten Palmstämmen und aus Rohr hergestellte Boote. An den Ufern erreichen die Papyrusstauden und andere Rohrpflanzen eine Höhe von sieben Metern. Überaus reich und vielfältig ist die Vogelwelt. Überall sieht man Wasserbüffel. Der lange Sommer (er währt hier von April bis Oktober) ist wegen der großen Hitze und der Luftfeuchtigkeit für Europäer oft unerträglich.

Die Straße die über *Jazair* („Rest House“) durch dieses Gebiet führt, erreicht bei *Qurnah,* 539 km, das Ufer des Tigris und den Highway 6, auf dem man nun weiterfährt nach der einzigen Hafenstadt des Irak,

Basra, (150 000 Einw.), 614 km. Die Stadt hat viele schmückende Beinamen. Der Legende nach befand sich hier der „Garten Eden“. Wegen ihrer vielen Kanäle wird die Stadt auch „Venedig des Orients“ genannt. Daneben gilt Basra auch als „Stadt Sindbads des Seefahrers“. Am *Schatt el-Arab,* nahe dem gemeinsamen Mündungsarm von Euphrat und Tigris gelegen, besitzt Basra die größten Dattelpalmenhaine der Welt (über 10 Millionen Bäume).

Die Stadt besteht aus drei Teilen: der eigentlichen Altstadt Basra, dem modernen Geschäftsviertel *Ashar* und dem Seehafen *Maqil (Maaqal; Margil),* wo sich auch der Flugplatz, der Bahnhof, das Hotel „Schatt el-Arab“ befinden.

Am *Nahr-Ashar-Kanal,* der Basra mit dem Schatt el-Arab verbindet, erstrecken sich die charakteristischen Suks (Märkte). Dort steht auch die sehenswerte schiitische Hauptmoschee, deren Kuppel und Minarette mit schönen Fayencefliesen verkleidet sind.

Lohnend sind Spaziergänge auf der Uferpromenade des Schatt el-Arab und durch die ausgedehnten Palmenhaine im Westen und Süden der Stadt.

Die Ruinen des alten, von den Arabern schon im 7. Jahrhundert gegründeten Basra liegen etwa 12 km weiter südlich, in der Nähe des Ortes *Zubair.*

Kuwait, Bagdad.

Kuwait, Manama (Bahrain), Damman und andere nicht-iranische Häfen am Persischen Golf; internationale Verbindungen.

Nasiriya, Ur, Bagdad u. a.

Qurnah, Zubair, Fao u. v. a.

L „Basra Sheraton“.

„Schatt el-Arab“.

„Ur“; „Raghdan Palace“; „St. George“; „Hadad“ u. a.

Register